인성교육,
참! 잘하는 교사

인성교육,
참! 잘하는 교사

2023년 7월 6일 1판 1쇄 인쇄
2023년 9월 12일 1판 2쇄 발행

지은이 | 김경희, 김혜진
펴낸이 | 홍미라
펴낸곳 | 인생북스

디자인 | 김광택
그 림 | 정혜선

등   록 | 제2018-00001호(2018. 5 .9)
주   소 | (32805) 충남 계룡시 엄사면 전원로 17-1
전   화 | 042-551-3334   팩 스 | 0504-237-3031
이메일 | insaengbooks@gmail.com

ISBN | 979-11-963939-3-9 (03370)

ⓒ 김경희, 김혜진 2023

• 책값은 뒤표지에 있습니다.
• 이 책 내용의 일부 또는 전부를 재사용하려면 반드시 저작권자의 동의를 얻어야 합니다.

인성교육, 참! 잘하는 교사

현직교사가 들려주는 인성교육 노하우

김경희, 김혜진 지음

인생북스

머리말

　인성교육진흥법이 제정되면서 인성교육에 대한 사회적 관심이 높아지고 있고 다양한 의견과 방법들이 제시되고 있습니다. 학교에서도 인성교육을 의무적으로 시행하게 되었는데, 문제는 더 내실 있는 인성교육을 해야 하는데, 어떻게 해야 하는지, 그리고 어떤 상태에 다다라야 하는지가 명확하지 않다는 것입니다. 이런 상황에서 인성교육의 성과를 내려고 하다 보니 눈에 드러나는 이벤트성 프로그램 등에 집중하게 되는 경향도 나타납니다. 물론 이런 활동이 인성교육의 계기가 될 수도 있지만 바람직한 인성의 변화를 지속적으로 이끌어주기에는 충분하지 못하다는 점이 문제입니다. 이것은 대부분의 교사들도 공감하는 부분일 것입니다.

　이 책을 쓴 교사도 마찬가지로 인성교육의 어려움을 느끼고 고민해 왔습니다. 교실 현장에서 일어나는 많은 문제를 현명하게 해결하고, 실질적으로 학생들의 인성교육에 적용할 수 있는 방법을 찾기 위해 학교에서 있었던 사례들을 함께 나누며, 모두가 공감할 수 있고 효과적이며 지속적인 해결책을 찾으려고 노력했습니다. 그리고 워크숍과 교사 대상 연수, 예비교사를 위한 캠프 및 강의 등을 통해 많은 교사와 여러 고민을 나누며 함께 성장할 수 있었습니다.

이 책을 쓴 저자는 교사와 아이들이 모두 성숙해지고 행복해지길 바라며, 그동안 연구했던 결과들을 이 책을 통해 독자 여러분과 함께 나누려고 합니다. 부정적인 아이를 긍정적인 아이로 변화되도록 지도하고 싶을 때, 학교폭력(따돌림, 언어폭력)을 미리 예방하고 싶을 때, 깊이 있는 인성의 변화를 이끌어내고 싶을 때, 독자 여러분이 이 책의 사례에서 제시한 내용을 활용한다면 도움이 될 것입니다. 그뿐만 아니라 가정과 직장에서도 적용할 수 있을 것입니다.

우리의 아이들을 잘 가르칠 수 있도록 도와주신 모든 분께 이 글을 통해 깊은 감사의 마음을 전합니다. 그리고 이 책에 담겨있는 저희의 마음이 독자 여러분께 고스란히 전달되기를 소망합니다.

인성교육 사례집의 올바른 이해와 적용을 위하여

인성교육은 철저히 가치 지향적이어야 합니다. 인성교육을 하면서 이럴 수도 있고 저럴 수도 있다는 가치중립적인 관점으로는(그것이 학생을 존중하는 것이고 스스로 성장하게 돕는다는 의미에서는 동의하지만) 결코 학생들의 실질적 변화를 이끌어 내기 어렵다는 것을 저자는 절감하였기 때문입니다.

이런 의미에서 인성교육은 일반적 상담의 원리와 이론을 일부 활용할 수는 있겠으나, 그것에 고착되어서는 안 된다는 점을 강조하고 싶습니다. 물론 저자도 심리상담의 원리를 공부하였고 이를 존중합니다. 또한 인본주의적 관점과 인지행동 치료, 정신분석의 무의식에 대한 개념도 통합적으로 수용합니다. 그러나 이런 개념과 기법 자체가 학교 현장의 인성교육에 뚜렷한 답을 주지는 못한다는 점이 안타깝습니다.

왜냐하면 가치기준이 정립되지 않은 어린이와 청소년에게 명확한 가치기준을 제시해 주지 않으면, 어느 방향으로 자신을 이끌어가야 할지 모르기 때문입니다. 그래서 교사들이 인류 보편적인 가치(민족, 종교, 국가와 상관없이 누구나 옳은 것이라고 인간의 양심으로 알고 있는 가치)를 제시하고 그것에 근거해서 사고하고 행동하도록 지도하는 것이 필요한데 이는 공동체 안에서도 각자의 적성과 개성을 마음껏 발휘할 수 있게 하는 근간이 되기 때문입니다.

인성교육은 결론적으로 가치기준을 교육하는 것이며, 인지와 정서, 행동 영역의 변화가 동반되는데, 그 변화의 종착점이 명확해야 하는 교육입니다. 인류 보편적인 가치 중에서 학교 현장에서 강조되어야 할 가치들은 「정직, 성실, 부지런함, 배려, 이해, 용서, 사랑, 긍정, 적극성」입니다. 여기에 이 모든 가치를 포함할 수 있는 진실함을 더하여 이 10가지의 가치는 20년 이상의 현장 경험을 통해 도출한 공통 분모입니다.

이 기준이 삶의 기준이 되어서 서로 돕고 위하며, 타인을 존중하고 배려할 줄 알고, 자신의 인생을 긍정적으로 타고난 적성에 맞춰 밝게 살아가는 학생들의 행복한 모습을 생각해 봅니다. 교사로서 힘들고 지쳐 포기하고 싶은 순간에도 힘을 내도록 해준 원동력은 바로 이와 같은 학생들이었습니다.

인성교육은 심리학의 상담과 다르고 단순한 의사소통 기법과 차원이 다른 영역입니다. 상담기법과 기타 코칭 스킬은 인성교육의 좋은 수단이 될 수는 있어도 그 자체가 목적이 될 수 없으므로 동일 수준으로 생각하는 우를 범하지 않기를 바랍니다. 이런 측면에서 단순히 기존 이론과 스킬의 관점으로 이 책의 사례를 분석하고 비판하기보다는 정말 학생들을 어떻게 변화시킬 것인가, 또한 나 자신은 어떻게 변화하며 성장해 갈 것인가를 화두로 삼아, 함께 읽고 고민하며 답을 찾아간다면 독자 여러분에게 소중한 시간이 되시리라고 확신합니다.

먼저 이 책을 보는 독자 자신의
생각과 말과 행동의 변화가 날로 이루어지면
자연히 주변 사람들이 변화된다는 것을 마음에 새기며
이 책을 읽어 보시기를 권합니다.

차 례

머리말 4

인성교육 사례집의 올바른 이해와 적용을 위하여 6

Part 1 인성교육 방법

Process 1. Higher Rapport ················ 19
Higher Rapport(하이어라포)란? ················ 22
하이어라포의 형성과정 ················ 24
  1. 라포(Rapport)형성 _28
  2. 심층지도 _29
  3. 관계위기 _31
  4. 위기해결 _32
  5. 하이어라포(Higher Rapport)형성 _34

하이어라포를 형성하기 위한 실천전략 ················ 35
  1. 관점을 Redesign 하라! _35
  2. 듬뿍 사랑하라! _37
  3. 지속적으로 수정·보완을 하라! _38

Higher Rapport(하이어라포)가 형성이 되면 좋은 점 ⋯⋯⋯⋯ 40
    1. 학생의 학습·생활·교우관계 면에서 변화를 이끌어낼 수 있다 _40

    2. 아이들의 다툼을 해결하는 시간이 단축된다 _43

    3. 교사가 할 말을 할 수 있게 된다 (학생에게도, 학부모에게도) _46

    4. 반복되는 문제로 인한 교사의 스트레스가 해결된다 _50

Process 2. 질문으로 진단하기 ⋯⋯⋯⋯⋯⋯⋯⋯⋯⋯ 53
아이와 대화하는 시간 중 아이의 생각과 마음을 알아가는 시간은 얼마나 될까? 54

진단은 질문과 경청으로부터 시작된다 ⋯⋯⋯⋯⋯⋯⋯⋯⋯ 58

진단역량이 곧 교사의 전문성이다 ⋯⋯⋯⋯⋯⋯⋯⋯⋯⋯ 62

질문으로 진단할 때 유의할 점 ⋯⋯⋯⋯⋯⋯⋯⋯⋯⋯⋯ 66

    1. 정말 궁금해서 묻고 있는가? _66

    2. 편견 없이 묻고 있는가? _67

    3. 질문을 위한 질문이 아니라 맞춤형 질문을 해야 한다 _68

    4. 무엇을 물어봐야 할지 모르겠다면? _69

Process 3. 가치기준 바로 세우기 ⋯⋯⋯⋯⋯⋯⋯⋯⋯⋯⋯⋯⋯⋯⋯⋯ 71

가치기준 세우기란 무엇인가? ⋯⋯⋯⋯⋯⋯⋯⋯⋯⋯⋯⋯⋯⋯⋯⋯⋯⋯⋯ 75
학생들에게 꼭 세워줘야 할 가치기준 ⋯⋯⋯⋯⋯⋯⋯⋯⋯⋯⋯⋯⋯⋯ 76
   1. 부지런과 성실 _77
   2. 정직 _85
   3. 이해와 용서와 배려 _89
   4. 사랑 _96
   5. 긍정과 적극 _99
가치기준 세우기의 유의할 점 ⋯⋯⋯⋯⋯⋯⋯⋯⋯⋯⋯⋯⋯⋯⋯⋯⋯⋯ 105
   1. 교사부터 가치기준을 정립하라 _105
   2. 일방적 지도 훈계 NO! 질문으로 일깨우기 YES! _107
   3. 되질문은 말꼬리 잡기가 아니다! _108
   4. 가정과 연계하여 가치기준을 지도하라! _109
가치기준을 세워줄 때의 기대효과 ⋯⋯⋯⋯⋯⋯⋯⋯⋯⋯⋯⋯⋯⋯⋯ 110
   1. 학생들의 자기 주도적인 문제해결력이 향상된다 _110
   2. 교사의 생활지도 역량이 확대된다 _114
   3. 가정의 변화까지 연결된다 _116

Process 4. 가치기준 굳히기 ⋯⋯⋯⋯⋯⋯⋯⋯⋯⋯⋯⋯⋯⋯⋯⋯⋯⋯⋯ 119

생활의 변화는 습관화로부터 ⋯⋯⋯⋯⋯⋯⋯⋯⋯⋯⋯⋯⋯⋯⋯⋯⋯⋯ 120
습관화를 위한 전략들 ⋯⋯⋯⋯⋯⋯⋯⋯⋯⋯⋯⋯⋯⋯⋯⋯⋯⋯⋯⋯⋯ 124
   1. 변화를 갈망하게 하라 _124
   2. 지속적인 추수지도(Follow-up)만이 변화를 이끈다 _125
   3. 성공에 대한 자신감을 주어라 _127
   4. 외적동기에서 시작하여 내적동기로 마무리하라 _128

가치기준 굳히기 과정에서 유의할 점 ·· 130
   1. 옳은 것이라도 강요하면 안 된다 _130
   2. 사랑과 관심의 레이다를 작동시켜라 _131
   3. 지도는 언제나 어디서나 _134
   4. 아이들에게 진정한 모델링이 되어야 한다 _136

Part 2   인성교육 3단계 질문법

인성교육 3단계 질문법 ·· 139
1단계 : 가치기준 인식 ·· 143
2단계 : 가치기준 명확화 ··· 146
   1. 판정알(판단을 정확하게 알게 하기) _148
   2. 되질문하기 _148
   3. 가치기준 정리하기 _150
3단계 : 가치기준 적용 ·· 151

Part 3   학생 지도 사례

애정결핍으로 의존하는 아이 ····································· 159
나는 어떤 사랑을 하고 있는가? _159
하이어라포는 불편한 감정들을 녹인다 _162
관심은 계속되어야 한다 _165
옳은 것으로 채우게 하라. 그러면 옳지 않은 것은 사라지게 된다 _171

ADHD 아이 ·· 177

ADHD 아이는 보통의 교실 어디에나 있다 _180

병이면 어떠하며, 병이 아닌들 어떠하리, 우리 아이 잘 교육하여 화목한 교실 만들고저 _181

솔루션 1 : 눈앞에 현실 가능한 맞춤형 징검다리 놓아주기 _183

솔루션 2 : 하이어라포로 성장 욕구 자극시키기 _185

솔루션 3 : 옳은 가치기준으로 의지와 의지의 싸움에서 승리하기 _186

솔루션 4 : 학부모와도 하이어라포! _189

솔루션 5 : 콩나물에 물을 주듯이 _193

단짝 친구에 집착하는 아이 ·· 201

단짝 친구를 잃어 버릴 것 같아요 _201

옳은 것과 옳지 않은 것도 알려 주어야 알 수 있다 _203

친구가 많아지는 비결, 돕고 위하고 사랑하라 _206

마음은 움직이는 거야 _208

게임에 과몰입하는 아이 ·· 215

아이를 믿지만, 모든 가능성은 열어놓는다 _215

혼내지 말고 아이와 대화하라. 행동을 통제하는 것보다 아이의 마음을 바꾸는 것이 더 쉬운 길이다 _217

아이가 어른과의 약속 지키기가 아닌 의식(마음) 성장에 초점을 맞추게 하라 _222

리더 역할을 하며 스트레스를 받는 아이 ·· 227

아이들이 제 말을 안 들어서 화가나요 _227

남에게 나가던 화살을 멈추기만 해도 _229

부정적인 생각을 긍정적인 생각으로 _231

원망 불평하는 마음을 이해하는 마음으로 _232

인성교육은 나부터 시작이다 _233

패배를 견디지 못하는 아이 ·· 237

과정을 즐기는 자가 진정한 승리자 _237
학부모님은 최고의 교육 파트너 _242

Part 4 교사 의식성장 사례

학부모에게 민원을 받았을 때 ······················· 249
왜 답장 안하세요? _249
스스로에게 냉철하게 질문하고 대답하기 _252
부딪힘은 깨달음의 기회 _253

미운 사람이 있을 때 ································· 257
미운 사람에게 떡(사탕) 하나 줘 보기 _257
부족한 부분을 못마땅하게 보기 vs 부족한 부분을 개선하도록 도와주기 _260
미움을 이기면서 알게 된 동반성장 _261

아이가 교사에게 욕을 했을 때 ························ 263
지랄하고 있네 _263
1만 시간의 법칙을 능가하는 1번의 성찰 _268

일이 넘쳐 마음이 조급할 때 ························· 273
어휴~ 하필이면 제일 바쁜 시간에 왔네? _273
왜 짜증이 났을까 _275
그러면 어떻게 보완해야 할까 _276
나를 바꾸는 작은 실천들 _276
아이가 수다쟁이가 되었다 _278

부정적인 피드백을 들을 때 ·························· 283

교원능력개발평가가 쏘아 올린 작은 공 _283

교원능력개발평가, 걸림돌이 될 것인가? 디딤돌이 될 것인가? _288

하기싫은 일을 하라고 할 때 … 291

화장실 점검을 하라고요, 나보고? _291

부정적으로만 생각하지 말고 긍정적으로 생각해 보면 어떠세요? _295

하기 싫은 것 해보는 것도 공부! 인생은 공부야! _296

주도적으로 하면 안목도 넓어진다 _297

잘하고도 비난받을 때 … 301

선생님이 지금 우리한테 피해주고 있는 거예요 _301

하향평준화의 길에서 벗어나는 방법 1 : 공유하기 _303

하향평준화의 길에서 벗어나는 방법 2 : 과감하게 배우기 _306

정직했을 때 일어나는 일 … 311

대충 훑어보기 vs 정직하게 점검하기 _311

유해업소가 있다고 나와요 _312

유능해지고 당당해지는 비결 _313

맺음말 315

※ 이 책에 나와 있는 학생들의 이름은 모두 가명입니다.

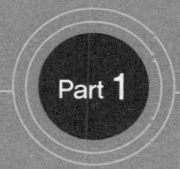

인성교육 방법

Higher Rapport
질문으로 진단하기
가치기준 바로 세우기
가치기준 굳히기

교사와 학생은 어떤 관계가 되어야 하는가?

왜 하이어라포 이어야 하는가?

하이어라포가 형성되면 무엇이 좋은가?

Process 1. Higher Rapport

'3월 학년 초에는 웃지 말고, 기선을 제압하라.'

신규 교사들이 자주 듣는 말이다. 생활지도를 하다 보면 학생들이 말을 듣지 않아서 곤란해지는 경우가 많기 때문에 처음부터 무섭게 보이라는 뜻이다. 위의 조언대로 해보면 3월에는 그 말이 효과가 있는 듯하다. 하지만 시간이 흐를수록 특히 2학기가 되면 아이들은 더 이상 선생님을 학년 초처럼 무서워하지 않고 말도 잘 듣지 않게 된다. 그러나 3월에 무섭게 하지 않았다면 더 심각했을 거라고 스스로를 위로하면서 매년 같은 방식을 반복하는 경우를 많이 보았다.

나는 '3월 학년 초에는 웃지 말고, 기선을 제압하라.'는 선배 선생님들의 말을 들었어도 왠지 그 방법이 탐탁지 않았다. 나는 아이들에게 다정하고 친절하고 사랑이 많은 선생님이 되고 싶었다. 당시 신규교사 시절이었지만, 아이들의 말을 귀담아듣고 이해하려고 노력하니 아이들도 내 말을 잘 따랐다.

　'그래, 역시 이해를 하고 사랑을 하면 되는 거지.'라면서 만족하고 있을 때, 처음으로 6학년 담임교사를 맡게 되었다. 그 해 만난 몇몇 아이들은 기본적인 규칙들도 지키지 않고 다른 친구들 위에 군림하고 친구들을 자기 마음대로 조종하는 아이들이었다. 이 아이들은 지금까지의 나의 방법으로는 해결이 안 되었고 '이럴 수도 있구나!' 하면서 많이 놀랐다. 내 능력, 내 방법으로는 역부족이라는 생각이 들었고, '이 아이들이 나를 만만하게 보나?' 하는 생각에 괘씸하기도 하고, '무서운 선생님이 되어야 하나?' 하는 생각도 들었다.

　하지만 무서운 선생님도 답이 아니라는 생각이 들었다. 왜냐하면 그 아이들의 전 학년 선생님이 무서운 분이셨는데 그렇다고 아이들의 인성이 변한 것이 아니라, 그 선생님 앞에서는 혼나지 않으려고 아무 일도 일으키지 않고 참았던 것이지, 내면이 변했던 것은 아니었기 때문이다. 나는 무서운 선생님도 만만해서 휘둘리는 선생님도 더더욱 되고 싶지 않았다. 진정으로 학생들을 도울 수 있고 학생에게 존경받는 선생님이 되고 싶었다. 도대체 무엇이 문제이지? 어디서부터 시작해야 할까? 이렇게 나의 고민은 시작되었다.

　나는 교직에서 살아남기 위해 철저하게 방법을 찾고 연구해야만 했다. 그러다 보니 학급에서 일어나는 소소한 일들이 눈에 들어오기 시작했다. 한 학생 한 학생이 떠오르면서 그 학생은 왜 그렇게 했지? 뭐가 문제였을까? 왜 그런 일이 벌어졌지? 꼭 그렇게 말할 수밖에 없었을까? 이렇게 고민하는 가운데 학생들 나름대로 가지고 있던 문제 행동들이 조금씩 모양만 바뀌며 줄곧 반복되었다는 것을 알게 되었다. 그리고 반복되는 문제들을 간과한 채로, 학생들과 친밀하게 지내면 좋은 선생님인 줄 알았고, 참교육을 실천하는 것인 줄 알았다. 사건이 생기면 단지 "그렇게 하지 마. 앞으로 이렇게 해야 해."하면서 친절하게 설명했고, 학생들이 앞으로 어떻게 하겠다고 다짐하면 그것으로 만족했다. 학생들이 왜 잘못을 자꾸 반복하는지 생각해 보지 않았고, 궁금해할 줄도 몰랐다. 친밀한 관계에 머물며 올바르게 성장할 수 있도록 돕고자 하는 마음이 없었다. 생각으로는 좋은 선생님을 꿈꾸면서도 좋은 선생님이 되려는 노력이 없다 보니 발전 없이 늘 그 수준에 머물렀던 것이다. 말로는 학생들에게 참교육을 하겠다고 했지만, 한 학생 한 학생의 문제가 무엇인지 생각하지 않았고, 방법을 찾지 않았던 것이다.

　따라서 교사로서 올바른 교육을 하고자 한다면 친밀한 관계가 형성된 상태를 의미하는 Rapport(라포)를 넘어선 그 무엇이 필요하다. 저자는 그 마음자세를 Rapport(라포)보다 더 상위의, 고차원적 Rapport(라포)라는 의미로 Higher Rapport(하이어라포)라고 명명했다.

Higher Rapport(하이어라포)란?

Rapport(라포)가 공감적인 친밀한 관계가 형성된 상태라면, Higher Rapport(하이어라포)는 Rapport(라포)에서 한 걸음 더 나아가 교육적인 사랑으로 형성된 신뢰 상태를 의미한다. 즉, 교사와 학생의 관계가 친밀한 상태에만 머무르지 않고 학생의 올바른 변화와 성장을 위해 때로는 교사가 엄격한 사랑으로 지도할 수 있고 학생은 기꺼이 교사의 지도를 수용할 수 있는 상태를 의미한다.

사랑이란 돕고 위하는 것이다. 따라서 교사의 교육적인 사랑이란 학생의 생각을 도와주고, 의식을 높여주는 사랑이라고 할 수 있다. 의식을 높여주는 사랑이란 올바른 가치기준을 세워주는 것을 의미하며, 올바른 가치기준이란 정직, 성실, 진실과 같은 인류 보편적인 가치기준을 말한다. 이러한 인류 보편적인 가치가 습관화되어, 거짓말하던 학생이 정직한 학생이 되거나, 남을 미워하던 학생이 이해하고 용서하며 돕는 학생으로 바뀌는 것이 바로 변화이고 성장인 것이다. 올바른 가치기준에 대한 정의와 방법론은 다음 장에서 자세하게 다루고자 한다.

> **Higher Rapport(하이어라포)**
> = Rapport(라포) + 학생의 변화와 성장을 목적으로 한 사랑

가령 예상치 않은 문제가 생겼거나 매번 지도하였어도 똑같은 문제가 반복되고 있을 때 '답답하다. 한심하다' 하며 학생을 탓하는 교사들이 있을 수 있다. 반면 '애들이니까 그럴 수 있지'라고 어떻게든 학생들을 이해하려고 노력하는 교사도 있다. 이렇게 학생 입장에서 이해하려고 노력하는 교사라면 매우 훌륭한 모습이다. 하지만 이해하고 공감해 주는 것에서 만족하고, 더 이상 교육적인 방법을 찾지 않는다면 학생의 문제는 계속 반복되지 않겠는가? 아마도 특별한 경우를 제외하고는 변화와 성장을 기대하기는 어려울 것이다. 따라서 이해하고 공감하는 단계에서 더 나아가 '다시 이런 문제가 반복되지 않게 하려면 어떻게 도와주어야 하지?' 라고 지속적으로 방법을 찾는 교육적인 사랑을 할 때 학생과 Higher Rapport(하이어라포)가 형성된다.

하이어라포의 형성과정

Higher Rapport(하이어라포)는 아래와 같은 과정을 통해 형성된다. 형성과정에 대한 고찰을 통해 하이어라포에 관해 보다 명확하게 이해가 가능할 것이다. 사례를 통해 살펴보자.

▲ 하이어라포 형성 과정

가영이는 부정적이고 반항적인 특성이 강한 아이였다. 학기 초부터 예사롭지 않은 말투와 행동으로 눈에 확 뜨였던 학생이었다. 그래서 나는 특별히 많은 신경을 썼고 다행스럽게도 가영이와 어느 정도 친밀한 관계를 유지할 수 있었다. 그런데 언제부터인가 가영이에게 내 교육이 효과가 없음이 감지되었다. '이래서는 안 되는데, 언제 한 번 지도를 해야겠다.' 하

고 생각만 하고 있었다. 그러던 어느 날 미술 시간이었는데, 가영이가 자기 자리를 놔두고 친구 주희 자리로 가서 좁게 같이 앉아 있었다. 그 시간은 판화 시간이어서 좁은 공간에서 조각칼을 사용하다 보면 다칠 위험이 있었다. 그래서 가영이에게 자기 자리로 돌아가라고 말하였다.

교사 : 가영아, 왜 주희 옆으로 가 있니? 판화는 조각칼을 사용하기 때문에 좁은 공간에서 둘이 있다 보면 다칠 수가 있어. 네 자리로 가렴.
가영 : 안 다쳐요. 괜찮아요.
교사 : 사고는 언제 일어날 지 모른단다. 그러니 조심하는 것이 좋아요.

어서 가영이 자리로 가서 안전하게 판화 하세요.
가영 : 싫어요. 전 주희 옆이 좋다고요!

가영이의 목소리가 반항적으로 바뀌었다. '이대로 여기에서 그만둘까?' 잠시 위기감이 느껴졌다. 그러나 안전사고도 예방해야 하고 또한 옳지 않게 고집부리는 가영이를 그냥 친절하게만 대하는 것은 교육이 아니라는 생각이 들었다. 이 시점이야말로 교육이 필요하다는 생각이 들어서 단호한 마음으로 가영이에게 다가갔다.

교사 : (팔을 잡고 단호하게) 이리 와서 네 자리로 가세요!
가영 : (놀라는 반응을 보이며) 어, 선생님이 저를 치신 거예요? 신고할 거예요.
교사 : 신고한다고? 그럼, 신고하렴.
가영 : (반항적인 태도로 팔을 빼고 자기 자리에 가서 앉는다)
교사 : 가영아, 이렇게 하는 것은 아니다. 선생님이 너를 얼마나 사랑하는 줄 우리 반 전체 아이들이 다 알고 있고, 너도 분명히 모르지 않을 텐데, 선생님께 이런 태도를 보이는 것은 옳지 않은 거잖아?
가영 : (억울한 듯이 소리를 지르며 엎드려 울기만 한다)
교사 : (단호한 마음으로 가영이를 더 이상 달래지 않고 수업을 진행했다.)

그동안에는 작고 미묘한 감정 표현에도 왜 그런지 물어봐 주고 위로해 주곤 했는데 그날은 더 이상 위로하지 않고 단호한 태도로 수업을 계속 진행했다. 어느 정도 시간이 흐른 뒤 가영이도 감정을 추스르고 수업에 임했으나 표정은 굳어있었다.

나는 그날 일을 곰곰이 생각해 보았다. 며칠이 지난 후 생각을 정리하고 나서 가영이를 다시 불러 대화하였다. 가영이도 그간 정리한 마음을 털어놓았고, 대화를 통해 서로에 대해 더 깊이 이해하는 시간을 갖게 되었다.

교사 : 가영아, 미술 시간에 왜 선생님 말을 듣지 않았던 거야?
가영 : …….
교사 : 선생님 말을 듣지 않았던 것이 잘한 일이었다고 생각하니?
가영 : …….
교사 : 좁게 앉아서 조각칼을 쓰다가 손을 다칠 수 있으니, 자기 자리로 가라고 한 것이 잘못된 거라고 생각해?
가영 : 아니요.
교사 : 내가 하고 싶은 대로 못 하게 한다고, 무조건 고집부리고 반항하는 것이 옳은 것은 아니지. 선생님은 어떤 누구라도 옳지 않게 행동하는 것은 받아 주지 않을 거야. 가영이를 미워해서 이러는 것 아니야. 선생님은 가영이가 옳은 사람 되도록 도와주려는 거야.

선생님 말이 이해가 되니?

가영: (조그만 소리로) 네.

이후로 가영이는 나의 지도와 훈계를 잘 따라주었다. 가영이는 내가 자신을 위해 바르게 지도해 주려고 했다는 의도와 마음을 그래도 이해했던 것이다. 생활이 조금씩 변화되는 것이 보였다. 매사에 제멋대로 하던 예전 모습이 보이지 않았으며 예의를 지키고 규칙을 잘 따랐다. 그런 가영이를 보고 있으면 정말 기뻤다. 나의 심층 지도와 그에 따른 관계 위기가 해결되면서, 가영이의 마음자세가 변화된 것이다.

1. 라포(Rapport)형성

라포는 학생과 교사 간의 신뢰와 친근감 있는 인간관계를 일컫는 말로 모든 상담과 교육에서 기본이 되는 전제 조건이다. 인성교육에서도 마찬가지다. 교사는 우선 학생을 이해하고 공감해주면서, 학생이 마음의 문을 열 수 있도록 하는 것이 중요하다. 그래서 우리 선생님은 좋은 선생님이고 우리 이야기를 잘 들어주시는 선생님이라는 신뢰가 형성되어야 비로소 인성 지도를 시작할 수 있다.

이런 신뢰 관계를 형성하기 위한 방법은 교사와 학생의 특성 및 상황에 따라 다양하다. 즉, 반드시 이런 방법을 써야 한다고 말하기는 어려운 것이다. 다만 교사는 자신의 상황에서 가장 적합한 방법을 찾아 적용해 보는 시도가 필요하고, 그 결과에 따라 수정 보완하는 노력이 필요하다. 다른 선생님이 성공한 방법이라고 해서 반드시 내게도 적합한 방법이라고는 할 수 없기 때문에 학생의 성향을 고려하지 않고 무조건 적용하는 우를 범하지 말아야 한다.

그런데 유의할 점은 라포에도 수준이 있다는 것이다. 만약 학생과 함께 깊은 대화를 하거나, 기타 활동 등을 함께 하면서 라포가 형성되었고, 학생도 어느 정도 교사에게 마음을 열었다고 해서 그 수준이 최종상태는 아니다. 저자의 경험적 결론은, 라포의 수준은 계속 상승할 수 있다는 점이다. 일단 라포의 수준이 상승되면, 교사와 학생 모두에게 변화와 성장이 동반되게 된다. 라포의 수준이 한 단계 업그레이드되어 하이어라포가 되려면 통상 다음에서 제시하는 심층 지도와 그에 따른 관계의 위기, 그러한 위기의 해결단계를 거치게 된다.

2. 심층지도

심층 지도란 학생의 잘못이나 문제점을 보았을 때 그냥 넘기지 않고 개입하여 지도하는 것을 의미한다. 심층이라는 단어는 교사의 지도가 단순히 겉으로 드러나는 행동 수정뿐 아니라, 학생 내면의 마인드와 마음자세까지 잡아준다는 의미이다.

교사는 교실 현장에서 직·간접적인 관찰을 통해 학생의 잘못이

나 문제점들을 보게 된다. 이 문제점들은 현재 문제 상황을 일으키는 원인일 수도 있고, 현재는 별 탈이 없어 보이지만 앞으로 문제를 유발할 원인일 수도 있다. 이는 교사의 경험과 학생에 대한 관심 정도에 따라 다르게 파악될 수 있다.

위의 사례에서도 교사는 가영이와 친밀한 관계를 유지하려고 애를 쓴 흔적이 보인다. 그러나 나타난 결과는 자리를 옮기도록 지도하자, 가영이는 반항하며 감정적 반응을 했다. 이것은 친밀한 관계에 만족하고 기회가 있을 때마다 적절한 지도를 하지 않은 점에 기인하는 바가 크다. 이것은 모든 상황에서 사사건건 지적하며 잔소리하라는 의미가 아니다. 현명한 교사라면 적절한 시기를 기다려 필요한 지도를 해야 한다는 의미이다.

사례에서 가영이와 친구는 좁은 공간에서 조각칼을 사용하려 하여 안전사고의 위험성이 있었다. 이런 상황에서 '아무 일 없겠지'라고 생각하고 넘어가거나, 평소 가영이의 특성을 알기에 부딪치는 상황이 싫어서 회피할 수도 있었지만, 선생님은 교육적 사랑으로 단호하게 지도했던 것이다. 저자의 경험에 의하면, 심층 지도 상황에서 교사에게 필요한 것은 학생을 바르게 지도하겠다는 사랑과 단호한 마음이다. 학생도 교사의 사랑과 단호함을 직감적으로 느끼게 되면 태도가 달라지게 된다. 손자병법 9편 행군 편에 다음과 같은 글이 있다.

卒未親附而罰之 卽不服 不服卽難用也
졸 미 친 부 이 벌 지 즉 불 복 불 복 즉 난 용 야

부하들과 친해지기 전에 벌을 주게 되면 복종하지 않게 되고 그러면 쓰기 어렵고

卒已親附而罰不行 卽不可用也
졸 이 친 부 이 벌 불 행 즉 불 가 용 야

부하들과 친해진 후 잘못을 벌하지 않으면 그 부하는 쓸 수 없게 된다.

물론 장수와 부하의 관계가 교사와 학생 사이의 관계에 그대로 적용할 수는 없겠지만, 본질은 부하든 학생이든 적절한 지도를 해야만 변화와 성장이 가능하다는 부분이다. 라포가 형성되지 않은 상태에서 학생을 무리하게 지도하게 되면 학생이 반항하며 받아들이지 않게 되고, 반대로 라포 형성이 되었더라도 지도를 제대로 못하면 학생을 성장시킬 수 없게 된다. 그러므로 라포가 형성된 이후 적절한 심층 지도가 반드시 필요하다.

3. 관계위기

학생은 교사의 심층 지도에 당황하거나 일종의 배신감까지도 느낄 수 있다. 교사의 교육적 의도를 충분히 이해하지 못하기 때문이

다. 지금까지 선생님은 나를 이해해주셨고 지지해 주셨는데, 그런 선생님께서 자신의 잘못을 엄격하게 짚고 넘어가려 할 때, 학생은 우선 본능적으로 자신을 방어하며, 반항하거나 부정적인 반응까지도 보이게 된다. 교사 입장에서도 그동안 애써 유지해왔던 친근한 관계가 깨어지는 것이 아닌가 하는 위기감을 느끼게 된다.

가영이도 선생님이 평소와는 다르게 단호하게 대하는 것을 보고 놀라면서 본능적으로 자기방어적인 반항하는 태도를 보였고, 그럼에도 불구하고 선생님이 엄격하게 일관된 태도를 유지하는 모습에 많이 당황하였을 것이다. 그리고 자존심 때문에 자신의 태도를 유지하며 버텼고, 며칠 동안 서로는 불편한 관계가 이어졌다. 저자의 경험에 의하면 교사는 이런 불편한 관계를 반드시 감수할 수 있는 용기를 가져야 한다. 학생과 불편해지는 관계가 싫고 때로는 인기가 떨어질까 우려해서 학생지도를 회피해서는 안 된다. 비 온 뒤에 땅이 굳어지듯 성장통을 감수할 수 있어야 한다.

4. 위기해결

위기가 기회라는 말처럼, 교사와 학생의 관계 위기는 오히려 각자의 의식성장과 변화를 위한 중요한 순간이다. 그 이유는 교사는 교사대로 학생은 학생대로 지금의 위기가 오게 된 원인들을 생각해 보면서 자신의 부족을 발견할 수 있고 그것을 수정 보완해서 각자의 성장과 발전이 시작될 수 있기 때문이다.

 가영이의 사례에서 교사는 '내가 부족했던 것은 없었을까? 그런 방법으로 지도한 것은 옳았을까? 가영이가 받아들이지 않는 것은 무엇 때문일까?'라고 돌아볼 수 있어야 한다. '가영이를 지도할 때 내 말을 바로 안 듣는다고 비난하는 마음이 있었던 것이 문제였구나.' 그리고 '팔을 잡아끄는 행동도 지금껏 친절하게만 대했던 나의 태도와는 전혀 다른 태도였기에 가영이가 놀라고 당황할 수밖에 없었을 거야' 한편으로는 '그동안 내가 가영이와 불편하지 않게 친하게만 지내왔구나. 가영이의 부족한 점이 보였을 때 점진적으로 조금씩 지도를 해야 했는데, 갑자기 단호하게 지도하니 가영이가 받아들이기 어려웠을 거야' 또는 '가영이는 그동안 자기 방식대로 선생님을 생각하고 바라는 점이 있었기 때문에 이 상황을 받아들이지 못할 수도 있어' 이렇게 교사 자신을 돌아보고, 개선해가야 한다. 이 사례에서 교사는 가영이와 후속 대화를 통해 가영이가 자신의 잘못을 돌아볼 수 있도록 도와주고, 가영이가 오해하고 있는 부분에 대해서도 교사의 의도를 충분히 설명하면서 이해가 되도록 대화를 했다. 그 후 가영이가 선생님에게 보였던 말과 행동을 돌아보며 자신이 잘못했다고 반성의 말을 하면서 관계가 회복이 되었다. 이후로도 주기적으로 대화를 하면서 지도하였다.

5. 하이어라포(Higher Rapport) 형성

이런 일련의 과정을 겪고 난 뒤 다시 형성된 라포는 처음의 라포와는 질적으로 다르다. 더 깊고 더 높은 수준의 라포가 형성된다. 이것을 하이어라포라 한다. 즉, 학생과의 친밀감도 더 깊어졌으며 이제는 단순히 친밀한 관계뿐만 아니라 학생의 성장과 발전을 위한 교육적 사랑(지도)이 이루어지는 관계이다. 하이어라포가 형성되면, 학생은 변화와 성장이 시작되고 선생님을 더욱 존경하며 따르게 된다. 교사 자신도 학생의 성장을 진심으로 도우면서 본인도 성장하고 교육 방법도 수정, 보완함으로써 큰 발전이 이루어진다.

가영이 사례에서 살펴보면 교사의 사랑에 버릇없이 반응하던 가영이의 모습은 사라지고 교사의 지도에 예의를 지키면서 수용하고 고치려고 노력하게 되었다. 교사가 베푸는 사랑의 깊이를 알게 되면서 오해가 풀린 것이다. 교사도 자신의 교육 방법에서 성장이 있었고, 가영이를 돕고 위하는 것이 더욱 보람 있고 즐거워지게 되었다.

위와 같은 하이어라포 형성과정을 반복하다 보면 교사와 학생 간의 하이어라포는 좀 더 수준 높은 하이어라포로 계속 업그레이드가 가능하다. 저자의 경험으로 볼 때, 하이어라포의 수준은 결국 교사의 지도 능력에 의해 결정된다. 즉, 교사가 가치기준을 바르게 정립하고 진실한 사랑과 때로는 엄격한 사랑으로 적절하게 학생을 지도할 수 있는가의 문제이다.

하이어라포를 형성하기 위한 실천전략

1. 관점을 Redesign 하라!

"내가 이런저런 노력을 해봤는데, 이 아이는 변하지 않는다. 따라서 이 아이는 정말 문제가 있는 아이다."

이 경우, 나는 교사이고 너는 학생이기 때문에, 나는 가르침을 주고, 너는 가르침을 받아야 한다는 것을 전제로 하고 있다 이런 전제하에서는 교사의 교육적인 의도와 기대 수준에 못 미치는 학생을 만나면 교사는 한계에 맞닥뜨리게 된다. "이 아이는 나를 힘들게 하는, 변화되지 않는 아이"라고 규정지으며, 문제가 반복될 대마다 아이를 탓하고 원망하면서 심신이 한없이 지치게 된다. 그래서 이런 상황에 빠지지 않기 위해서는 아래와 같이 관점을 새롭게 설정하는 것이 필요하다.

'**내 앞에 있는 지도하기 어려운 이 아이는 내가 무엇을 모르고 있는지 알려주는 아이이다.**'라고 학생에 대한 관점과 인성 지도에 대한 패러다임을 전환하는 것이다.

'나도 나름대로 이제까지 잘하고 있었는데, 내가 더 변화하고 성장할 것이 무엇이 있나?'라고 생각하며 거부감이 생기는 교사도 있을 것이다. 또는 '좋은 말이긴 한데, 그것을 몰라서 못 하는 것이 아니다.'라고 부정적으로 생각할 수도 있다. 한편 이제까지 교사로서 교육에 어려움 없이 지냈다면, 그것은 자신의 교육방식을 잘 받아들이는 학생들을 운 좋게 만났거나, 아니면 극단적으로는 문제상황 자체를 인식하지 못했거나 회피한 것일 수 있다. 지금 내 앞에 나의 교육 방법이 통하지 않는, 심하게는 온 몸으로 지도를 거부하는 아이를 만났을 때, 비로소 우리는 교사로서 자신의 교육방식과 마음 자세를 돌아보게 된다. 지금 내 앞에 있는 학생을 사랑하고 있나? 학생이 변화할 수 있도록 도울 의지와 열정이 있는가? 교육이 안 되는 원인을 적극적으로 찾아서 해결하려고 하는가?

관점을 달리해보면, 나를 힘들게 하는 학생은 나의 변화와 성장을 돕는 존재인 것이다. 이 학생을 통해서 무엇을 모르고 있는지 알게 되고, 부족한 점을 찾아 개선해 가면서 교사도 성장하게 된다. 교사는 학생의 변화와 성장을 도우면서 동시에 교사 자신이 교사로서의 마음자세와 교육 방법을 더욱 수정, 보완해 가며 역량을 키울 수 있게 된다. 따라서 학생은 일방적인 수혜의 대상이 아니며, 교사와 학생은 상호 변화하고 동반 성장하는 관계라고 할 수 있다.

이렇게 교사와 학생의 관계를 바라보는 관점을 재설정하면 하이어라포가 형성되는 과정에서 나타나는 학생의 부정적인 반응에 교사가 상처받지 않고, 자신의 교육적인 의도는 유지하면서 더 나은 교육 방법을 찾기 위해 노력할 수 있게 된다.

2. 듬뿍 사랑하라!

앞에서 라포가 형성되어야 인성교육을 시작할 수 있다고 언급하였다. 이것을 모르는 교육자는 없을 것이다. 하지만 사랑하기 싫은 그 순간, 듬뿍 사랑하는 것이 라포를 형성하고 관계 위기를 해결하는 핵심 조건이다.

학생들은 모두 다 다른 성격을 가지고 있다. 그중에는 교사가 싫어하는 말과 행동을 자주 하는 학생이 분명히 있을 수 있다. 대부분 이런 학생들과는 상대적으로 라포 형성이 원활하게 되지 않는다. 왜냐하면 교사가 학생의 단점을 주목하기 쉽고, 긍정적이지 않은 시각으로 학생을 바라보게 되고, 학생 또한 교사의 부정적인 시각을 느끼기 때문이다. 이 상황을 해결하기 위해서는 미성숙한 학생에게 교사의 말을 먼저 듣길 바라는 것이 아니라, 교사가 먼저 학생에게 사랑과 관심의 손을 내미는 것이 중요하다. 너무 까칠해서 말끝마다 가시가 돋아나는 학생을 사랑으로 감싸주고, 기분 나빠서 급식을 안 먹겠다는 학생에게, 밥 먹고 대화해보자며 설득해서 급식실로 데려가는 등 교사의 끊임없는 사랑이 학생들의 마음을 두드려서 열게 하는 것이다. 학생들은 본인이 생각해도 한심하거나 잘못된 행동을 할 때가 있는데, 자신도 그것을 알고 있지만 멈추지 못하겠다고 말하는 것을 들어본 적이 있다. 학생의 이러한 미성숙함이 이해가 안 되더라도 이해하려고 노력하는 교사의 모습에 아이들은 속으로 고마워한다. 하지만 대부분 표현하지는 않는다. 이런 기다림과 사랑이 까칠하고 마음을 닫은 학생들과의 라포를 형성하는 가장 중요한 요소이다.

듬뿍 사랑을 하면 관계 위기 단계에서 해결 단계로 쉽게 진입할 수 있게 된다. 교사가 교육적 목표를 가지고 학생의 개선해야 할 점을 직면시킬 때, 학생들은 교사가 자신을 싫어하고 혼낸다고 느낄 수 있다. 그러나 교사에게 그동안 듬뿍 사랑받았다고 생각하는 학생은 일시적인 감정에 흔들리지 않게 된다. 선생님이 나를 싫어하는 것 같고, 억울하다고 생각하다가도, 자신이 무엇을 개선해야 하는지 생각하게 된다. 부모님의 따끔한 가르침에 부모님이 미워지다가도 나에게 주셨던 헌신적인 사랑에 잘못을 뉘우쳤던 경험처럼 말이다.

3. 지속적으로 수정·보완을 하라!

교사가 교육적인 사랑을 할 때 학생과 학부모의 반응이 항상 좋은 것은 아니다. 교사는 학생이 옳은 가치기준을 갖도록 도와주기 위한 의도였지만, 부족한 점을 개선하라는 말을 듣고 자존심이 상할 수 있다. 또는 선생님의 사랑을 의심하거나, 교육적인 뜻을 이해하지 못해 교사의 지도를 거부하는 등의 부작용이 있을 수도 있다.

그러나 교사가 교육적인 사랑을 하는 중에 좋은 반응이 나오지 않는다고 해서 부정에 빠지거나, 실패했다고 생각하며 실망할 이유는 없다. 대부분 교사들이 학생, 학부모와 부딪치면서 '내가 이렇게까지 할 것 있나? 잘 교육해 보려고 한 건데 원망만 듣는구나.' 하면서 손을 놓는 경우가 매우 많다. 그러나 이러한 상황에서 내가 무엇을 배워야 하는가를 객관적으로 바라보고 문제를 해결해 나가면 교사로서 한 단계 성장하는 계기가 될 수 있다. 내가 학생을 교육할 때, 학부모와 대화할 때 무엇을 모르고 있었는지, 무엇이 부족했는지 세밀하게 찾아보는 것이다.

예를 들어, 상담 후에 학생과 소통이 잘 안된 것 같은 느낌이 들 때가 있다. 이런 경우 교사는 반드시 그 이유를 파악해 보야 한다. 이때 중요한 것은 학생의 문제점이 아닌, 본인이 부족했던 점을 찾아야 한다는 점이다. 만약 학생을 지도할 때 교육하고자 하는 마음 속에 '너는 말을 해도 안 변하고 정말 문제가 많은 아이야.'라는 부정적인 마음이 있었고, 그런 결과로 학생과 마음이 통하지 않았다는 것을 돌아보았다면 '학생을 부정적으로 보는 마음'을 인식해서 제거하기 위해 노력하면 되는 것이다. 즉, 학생이 왜 그렇게 행동할 수밖에 없었는지 이유를 알아보고 이해하기 위해 노력하는 것이다. 또한 학부모는 어떤 상황과 환경에서 아이를 양육하고 있는지, 필요하다면 학부모의 성장배경은 어떠했는지 등등 모든 정보를 종합하여 교사가 어떻게 도와야 할지 방법을 찾는 것이다.

그리고 내 방식대로 일방적으로 대화하여 학생의 눈높이에 맞지 않게 지도한 것이 있다면, 교육 방법을 학생의 수준에 맞게 수정해야 할 것이다. 학생의 수준을 파악하지 못하면 그에 적합한 교육을 할 수 없기 때문이다. 학생이 고집을 부려도 학생이 이해할 수 있도록 설득하기 위해 애쓰는 것이다.

한편 교사, 학생, 학부모 사이에 서로 의도를 충분히 알지 못해서 오해가 생기는 경우가 있을 수도 있다. 교사가 학생을 올바르게 교육하고자 한 그 마음과 의도가 잘못된 것은 아니다. 교육적인 사랑을 한다고 했지만, 아직은 미숙하여 생긴 오해는 하나하나 풀어가고 수정·보완하면서 더욱 완성도가 높은 교육적인 사랑을 하면 된다. 안 되는 방법이라는 것을 알게 된 후에는 되는 방법을 찾아가는 것뿐이다. 그래서 우리의 교육에는 실수는 있어도 실패가 없는 것이다.

Higher Rapport(하이어라포)가 형성이 되면 좋은 점

1. 학생의 학습·생활·교우관계 면에서 변화를 이끌어낼 수 있다

연주는 과제를 자주 깜빡하는 아이였다. 장기적인 과제가 아닐 경우에는 보통 못한 숙제를 다 끝내고 집에 가게 했었는데, 연주는 학원에 가야 한다는 이유로 종종 그다음 날로 미루게 되었다. 다른 학생들은 다 끝내고 가는데 연주는 안 하고 가게 해주면 다른 친구들이 차별당한다고 여길 것 같아 이를 미연에 방지하기 위해서 연주의 상황을 다른 친구들에게 전해주었다. 다행히도 친구들은 이해해 주는데, 연주는 집에 가서도 숙제를 하지 않고 그냥 오는 것이 계속 반복되었고, 차츰 이것은 큰 문제라고 여겨졌다. 하지만 연주는 다른 아이들보다 마음이 여리기 때문에 지도하기가 쉽지 않아 교사는 계속 고민하게 되었다. 그래서 연주에게 혼내지 않고 상황을 물어보면서 기다려주니 내게 마음을 열고 쉬는 시간에 틈틈이 찾아와서 이런저런 이야기를 많이 하게 되었다. 어느 날 수학 숙제를 하지 않은 연주가 방과 후에는 학원에 가야 한다면서 또 나에게 당당히 말했다. 연주에게 숙제를 내일까지 꼭 해오겠다는 다짐을 받고 학원으로 보냈지만, 다음날도 그다음 날도 연주는 숙제를 해오지 않았다. 연주에게 학원 숙제 못지않게 학교의 과제를 열심히 수행해야 함을 설명하고, 오늘 휴식 시간과 점심시간에 숙제를 다 하지 못한다면 이번에는 학원을 보내지 않겠다고 했고 연주도 알았다고 대답을 했다. 연주를 지켜보니 친구들과 이야기하느라 숙제를 하지 않기에 오늘 아침 약속을 떠올려주며 꼭 자신의 과제를 끝내야 함을 다시 상기시켰다. 집에 갈 시간이 되자, 연주는 약 한 시간동안 교실에 앉아서 말없이 수학 문제를 풀었고, 수학 숙제를 나에게 건

네고는 인사도 하지 않고 집으로 갔다. 다음 날 아침, 연주는 아무 일도 없는 듯 나에게 와서 인사를 건넸다. 나는 그때가 하이어라포를 형성해야 할 때라는 것을 알 수 있었다.

교사 : 연주야, 선생님은 어제 연주가 평소와는 다르게 인사도 안 하고 가서 신경 쓰였는데 오늘은 이렇게 밝은 모습을 보니 좋구나.

연주 : (쑥스러운 듯 웃음)

교사 : 연주야, 선생님이 그동안 연주가 숙제를 안 해도 다른 아이들과 다르게 집이나 학원으로 보내준 까닭을 아니?

연주 : 뭔데요?

교사 : 연주를 믿었기 때문이지. 스스로 맡은 과제를 성실하게 할 수 있는 아이라고. 하지만 선생님이 기다려주고 믿어주었지만, 자꾸만 연주가 숙제를 하지 않고 미루는 모습을 보니⋯ 기다려주는 것만이 능사가 아니라는 것을 알게 되었지. 그래서 어제는 끝까지 하고 가라고 한 것이었단다. 선생님이 연주를 사랑하고 기다리다가 연주가 책임을 다하지 않는 사람이 되면 안 되잖아. 그런데 연주는 이런 선생님의 마음은 모르는지 인사도 안 하고 가더라.

연주 : 죄송해요. 어제는 학원에 늦게 되어서 속상했어요.

연주는 그 이후에는 숙제를 집에서 해오려고 노력했고, 간혹 못

해올 경우도 학교에 남아서 숙제를 다 하고 집에 갔다. 연주의 사례와 같이 사랑과 지속적인 관심으로 생성된 라포 관계를 바탕으로 학생의 학습 문제, 생활 문제, 교우 문제 등에 대해 지도를 하면 학생은 처음에는 서운해하기도 하지만, 본인의 문제가 인정되고 또 교사의 관심과 사랑이 느껴지기 때문에 자신의 변화의 필요성을 인식하고 성장하기 위해 노력하게 된다.

2. 아이들의 다툼을 해결하는 시간이 단축된다

어른들이 보기에는 쉬운 문제이지만, 아이들이 자신의 생각이나 의식 수준에서는 해결할 수 없는 일들이 있다. 아직 미성숙한 아이들과 하이어라포 관계를 형성하게 되면 자연스럽게 보다 성숙한 인격체로의 성장을 이끌어내게 되고 이것은 문제를 해결하는 시간을 단축한다.

현승 : 선생님, 상의드릴 것이 있어 왔어요.
교사 : 현승이 표정이 어둡구나. 무슨 일이 있니?
현승 : 철수가 저에게 '돼지'라고 했어요.
교사 : 현승이는 절대 '돼지'가 아닌데… 철수는 왜 그런 말을 했을까?
현승 : 장난으로 그러는 것 같아요. 제가 지난번에 선생님께서 말씀해주신 것처럼 나는 그런 말을 듣기 싫으니까 안 해 줬으면 좋겠다고

했거든요. 그랬더니 자기 마음이라고 하면서 계속하는 거예요.

교사 : 그다음에는?

현승 : 너무 화가 났는데, 선생님이 저번에 말씀해주신 것처럼 해봤어요. 이런 식으로 계속 그러면 나도 어쩔 수 없이 선생님께 말씀드려야겠다고요.

교사 : 그랬더니 반응이 어땠어?

현승 : 그냥 집으로 혼자 걸어가더라구요. 그래서 저는 교실로 올라왔어요.

교사 : 그래, 정말 잘했다. 이렇게 평화롭게 해결하기 위해서 노력하니 선생님이 정말 기쁘다.

현승 : (전화가 와서 받음) 나 교실이야. 응. 알았어.

교사 : 누구니?

현승 : 철수인데요. 어디냐고 물어봐서 교실이라고 했고요. 미안하다고 해서 알았다고 했어요.

잠시 후에 철수가 교실 밖 복도에 서 있어서 들어오라고 하였다.

교사 : 철수야, 오늘도 현승이가 듣기 싫어하는 말을 했다면서?

철수 : 네.

교사 : 철수는 친구들이 네 옷 스타일 가지고 이래라저래라 하면 정말

듣기 싫어하던데... 그때 기분이 어때?

철수 : 정말 싫죠.

교사 : 그런데, 철수야, 왜 현승이가 싫어하는 것을 계속해? 너도 싫어하잖아.

철수 : 장난으로요.

교사 : 그 장난을 현승이가 좋아해?

철수 : 아니요. 싫어해요.

교사 : 철수는 현승이와 친구 관계를 유지하고 싶니?

철수 : 네.

교사 : 그럼, 철수는 앞으로 어떻게 할 거야?

철수 : 친구가 싫어하는 것은 안 하려고 노력할게요.

현승이는 참다 참다 못 참으면 주위 사람들이 놀랄 정도로 분노를 폭발하는 아이였는데, 갈등의 상황 속에서 문제를 해결하는 방법을 찾아주었더니 친구와의 문제를 유연하게 처리하게 되었다. 철수 역시 현승이 뿐만 아니라 다른 친구들도 자주 놀려서 우리 반에서 다툼을 일으키던 아이였지만, 이런 자신의 장난이 상대에게 괴로움을 주고, 친구와의 사이를 오히려 멀게 만든다는 것을 이해하면서 스스로 문제의 원인을 자기 내면에서 찾게 되었다. 친구와의 다툼 속에서 배워야 할 것을 찾은 후로부터는 이해가 되지 않았던 상대를 이해하려고 노력하게 되었다. 그러면서 예전에는 바로 다툼으로 번졌던 많은 사건들을 자신의 성장과 발전을 위한 계기로 받아들이게 되었다. 이런 과정이 반복되면서 실제로 싸움이 줄어들고 다툼 해결의 시간이 많이 단축됨을 경험하였다.

처음에는 한 명 한 명의 학생과 충분히 라포가 형성된 후에 대화하기 때문에 시간이 오래 걸리는 듯 보인다. 하지만 시간이 흐르면 흐를수록 문제가 일어날 수밖에 없는 개개인마다의 원인이 해결되어 가기 때문에 문제 상황의 빈도가 줄어들고, 아이들도 대응 방법이 달라져 시간이 단축된다.

3. 교사가 할 말을 할 수 있게 된다 (학생에게도, 학부모에게도)

공감과 소통으로 라포(rapport)가 형성된 관계일지라도 학생에게 문제점을 인식시키고 개선을 유도한다는 것은 상당히 조심스러운 일이다. 학생이 자신의 문제를 전혀 모르거나, 알고 싶어 하지 않을 때는 사실 대화하기가 많이 망설여진다. 하지만 하이어라포(higher rapport)가 형성된 상태에서는 교사는 이런 망설임에서 자유로울 수 있고, 할 말을 할 수 있게 된다.

예를 들어, 요즘 청소년기 학생 중 화장을 하고 다니는 학생들이 많은데, 학부모님들이나 교사들은 이런 부분에 대해서 지도를 하면 학생들은 듣기 싫어할 것이고, 그것 때문에 학생과의 관계가 소원

해질까 봐 주저하게 된다. 그러나 이런 소소한 상황이 바로 하이어라포를 형성할 기회이다.

(하이어라포 형성을 위한 1차 시도)

교사 : 혜수야, 틴트 발랐니?

혜수 : 네, 사촌 언니가 사줬어요.

교사 : 그래? (웃으면서) 혜수는 안 발라도 예쁜데…. 그리고 오늘 보니까 오렌지 계열은 잘 안 어울리는 것 같다. 나중에 핑크색 계통을 바르면 더 잘 어울릴 것 같아.

혜수 : (활짝 웃으며) 네.

교사 : 혜수야, 그리고 외면의 아름다움도 중요하지만 내면의 아름다움 그러니까 아름다운 인성과 지성을 갖추는 것이 너무 중요해. 지금은 후자에 초점을 맞춰야 할 때이지 않을까?

평소 끊임없이 대화를 하며 라포 관계를 형성한 혜수에게 화장품에 관련된 이야기를 꺼낼 때는 양쪽 다 긴장 상태였다. 혜수는 혼날까 봐 또는 본인이 한 행동에 대한 지적을 받을까 봐 약간 움츠린 상태였고, 나 역시 내가 하고자 하는 지도를 부정적으로 받아들일까 봐 또는 그동안 여러 각도로 노력하여 만든 라포 관계가 깨질까 봐 걱정스럽고 조심스러운 마음이었다. 이런 위험이나 긴장된 순간을 감수하고 학생의 성장과 발전을 위해 대화를 시도하였다. 다른 어른들과 달리 화장품을 바르지 말라는 지시적인 말을 하지 않아서인지 혜수는 편하게 받아들였고, 나는 혜수에게 성장의 방향성에 대해 인지시키는 말을 할 수 있었다.

(하이어라포 형성을 위한 2차 시도)

교사 : 혜수야, 오늘도 틴트 발랐구나.

혜수 : 네.

교사 : 그런데 많이 신경 쓰여? 계속 거울 보고 휴식 시간마다 화장실 가는구나.

혜수 : 네, 조금 신경 쓰여요. 남들이 저를 노는 애라고 생각할까 봐 걱정되고요. 그리고 틴트가 잘 안 어울리는 것 같기도 하고요.

교사 : 그래? 화장을 처음 시작할 때는 낯설고 잘 못하기도 하지. 연습하면 자연스러워진단다. 그리고 노는 아이라고 생각하든 생각하지 않든 내가 떳떳하면 되는데… 혜수 자신이 떳떳할 정도로 최선을 다하고 있는지는 스스로에게 물어보면 좋을 것 같다. 내가 외모를 가꾸면서 다른 것들도 열심히 하고 있는지는 자기 자신이 제일 잘 알잖아.

혜수 : 네.

공부 시간에 거울 보면서 학업에 집중하지 않는 모습을 보면 예전에는 혼내고 싶은 마음이 들었지만, 하이어라포 관계가 형성되면서 이런 것들은 교육의 기회가 되고, 오히려 편하게 대화할 수 있는 교육 소재가 되었다.

(하이어라포 형성을 위한 3차 시도)

교사 : 혜수야, 오늘은 틴트 안 발랐구나. 혹시 내가 말해서 신경쓰였니? 난 네가 틴트를 안 바르고 다니게 하려고 말한 것은 아니었는데 말이야.

혜수 : 아니에요. 생각해보니, 옆 반은 하고 다니는 아이들이 있긴 하지만, 저희 반에서는 저만 하고 다니고... 자꾸 신경 쓰여서 학교에서는 안 하고 집에서 좀 더 연습하려고요.

교사 : 그렇구나. 외면이 아름다운 것도 중요해. 이왕이면 다홍치마라는 속담이 괜히 있는 것이 아니잖아. 내면과 외면 모두 아름다운 사람으로 성숙되는 것이 중요하다고 생각해.

지난번의 대화와 연관시켜 성실이라는 가치를 생활 속으로 가져와서 지속적인 지도가 가능하게 되었고, 무엇보다 학생의 거부감에 대한 우려 때문에 예전에는 하고 싶지만 할 수 없었던 말들을 편하게 할 수 있게 되었다. 이같이 하이어라포를 형성하면 교사는 처음에는 학생의 거부감이나 부정적인 반응에 대한 위험을 감수해야 하지만, 하이어라포 관계가 계속됨에 따라 오히려 교사가 하고 싶은 말을 쉽게 할 수 있게 된다.

4. 반복되는 문제로 인한 교사의 스트레스가 해결된다

학생들이 변화되면서 교사의 스트레스도 감소하게 된다. 왜냐하면 학생들의 문제해결력이 좋아지면서 교사가 개입해야 하는 문제 상황이 줄어들기 때문이다. 즉, 앞에서 제시한 학생들의 잦은 다툼이 줄어들고, 문제해결 시간이 단축되는 것은 자연스럽게 교사의 스트레스가 해결되는 것과 연관된다. 단, 하이어라포를 형성하기까지 시간이 걸릴 수 있다. 처음 라포 관계를 형성하는 데 시간이 걸리고 위험을 감수하고 학생들을 지도하고 반응에 따라 방법을 달리하여 최종적으로 학생의 성장을 이끌어내는 과정도 인내가 필요하다. 하지만 하이어라포가 형성되면 문제의 원인이 되었던 학생의 생각과 의식이 변화되어 결과적으로 교사를 힘들게 하는 반복되는 문제가 해결된다. 따라서 하이어라포를 형성하면 스트레스가 감소될뿐더러 많은 보람을 느끼게 된다.

1

하이어라포의 형성은 듣는 것부터 시작

권위적인 생각과 일방적인 지시
명령적이고 강압적인 마음자세는
하이어라포 형성을 방해하는
최대의 걸림돌이다

학생을 인격적으로 대하면서
사랑하고 존중하는 마음으로
물어보고 듣는 것부터
시작해야 한다

진단, 왜 중요한가?
가장 효과적인 진단 방법은 무엇인가?
진단과정에서 유의할 점은?

Process 2. 질문으로 진단하기

교사와 학생은 만나는 순간부터 라포 또는 하이어라포를 형성한다. 어떤 수준의 라포를 형성하든지 교사는 효과적인 인성 지도를 위하여 정확한 진단이 필요하다. 진단이라는 말은 보통 의사가 환자의 상태와 질병의 징후를 통해 어떤 병인지 알아내는 것인데, 마찬가지로 교사도 학생의 인성 지도과정에서 문제행동을 유발하는 학생의 생각과 마음을 진단 할 수 있어야 한다.

진단의 방법에는 여러 가지가 있다. 아이에 대해 학부모나 다른 선생님들의 의견을 듣거나 각종 기록들을 살펴볼 수 있다. 또는 학생이 어떤 말과 행동을 하는지 관찰하는 방법도 있다. 하지만 무엇보다도 학생의 생각과 마음을 파악하는 데는 질문이 효과적이다.

아이와 대화하는 시간 중 아이의 생각과 마음을 알아가는 시간은 얼마나 될까?

교사로서 가장 힘이 빠지고 속상할 때는 여러 번 말을 했는데도 학생이 문제 행동을 계속 반복할 때일 것이다. 휴식 시간에 쉬지도 않고 상담을 하거나 업무를 뒤로 미루고 지도했는데 교사가 노력한 만큼 기대에 못 미치거나 정반대의 결과가 나올 때 '내가 언제까지 똑같은 말을 계속해야 하는가?', '이 아이가 내 말은 듣기나 했던 것일까?'라는 생각과 함께 좌절감을 많이 느끼게 된다.

그렇다면 원인은 무엇일까? 교사가 학생에게 많은 시간과 노력을 쏟았지만, 학생의 문제 행동은 고쳐지지 않는다면 무엇이 문제란 말인가? 학생이 너무 자질이 부족해서인가? 아니면 교사의 지도가 적합하지 않았기 때문인가? 물론 어떤 일에도 일방적 원인은 없다. 학생에게도 분명 문제가 있을 것이고 교사에게도 또한 책임은 있다. 교사는 교사로서의 역할에 집중해야 한다. 왜냐하면 교사는 학생을 지도하고 돕기 위해 존재하기 때문이다. 마치 의사가 환자에게 왜 그런 병을 앓고 있냐고 나무랄 수 없는 것처럼, 교사도 학생에게 너는 왜 그렇게 문제가 많으냐고 질책할 수 없는 것이다. 그런 말을 했다면 이미 교사의 존재 이유를 망각한 것이 아니겠는가?

교사는 좌절하지 말고 자신의 지도가 과연 적절했는지 스스로 점검해 보아야 한다. 점검의 시작은 '나는 문제의 원인을 정확히 진단 하였는가?'부터 시작되어야 한다. 학생이 어떤 생각과 이유 때문에 그런 문제 행동을 일으키게 되었는지 정확히 모르고 교사가 자신의 생각대로 일방적으로 진단하고 지도했기 때문에 지도의 효과가 제대로 나타나지 않는 경우가 많다. 즉, 진단이 잘못되어 그에 따른 처방도 잘못된 것이다. 아이들과의 관계에서 구체적으로 되짚어 보자.

반 학생들을 모두 앉혀 놓고 학생들에게 '이렇게 하면 된다. 이렇게 해라. 이렇게 하면 안 된다.'라고 말을 하고 있지 않은가. 물론 강의식으로 말하는 것도 가치관을 전수하거나 개념과 원리를 설명하고 이해시키는 중요한 교육 방법 중 하나이다. 하지만 일방적인 집합교육은 학생 한 명 한 명이 어떻게 생각하며 받아들이고 있는지 파악하기 어렵다. 겉으로 듣고 있다고 보여지기 때문에 이해하고 있을 것이라고 교사는 생각하기 쉬운데, 학생들은 딴생각을 할 수도 있고, 교사의 생각과 전혀 반대의 생각을 하고 있을 수도 있으며, 무슨 말인지 못 알아듣고 있을 수도 있다. 이런 것들이 확인되지 않은 채, 학생들의 반응이 의도와 다를 경우, 선생님이 말했는데 받아들이지 않았다고 생각하고 답답해하며 화를 내고 있다면 얼마나 한심한 노릇인가?

대부분 교사가 혼자 설명하고 질문하고 대답하는 경우가 많다.

학생은 "네, 네"라고 대답하고 있지만 반사적으로 할 때도 많고, 교사가 원하니까, 대답을 안 하면 혼날 것 같으니까 본인의 생각과는 별개로 대답하는 경우도 많다. 즉, 속으로는 '내가 지금 대답은 해도, 선생님 말씀대로 하지는 않을 것이다.', '내가 말을 해도 선생님은 받아주지도 않을 것이다.', '내가 말을 해도 선생님은 꾸중하시거나 혼내실 것이다'라는 생각이 학생 내면에 깔려 있기 때문이다.

정확하게 문제의 원인을 진단하기 위해서는 먼저 교사가 일방적인 태도와 마음자세가 있는지 자신의 현주소를 냉철하게 점검해 봐야 한다.

6학년 남자아이인데, 집에서 팔꿈치 길이만 한 강아지 인형을 가지고 와서 공부 시간마다 인형을 만지면서 노는 아이가 있었다. 수업에 집중을 못 해서 가지고 오지 말라고 했고 사흘 정도 지났을 때 그 학생의 가방이 열려진 틈 사이에 강아지 인형이 있는 것을 보았다. "왜 인형을 가지고 왔니?"라고 몇 번이나 물어보았는데, 대답을 하지 않고 이십 분 동안 눈만 깜빡이고 고개를 숙이고 있었다. "선생님이 가져오지 말라고 하면 안 가져오는 범수가 이번에는 가져오니까 선생님이 이유가 궁금해서 물어보는 거야. 혼내려고 물어보는 것 아니야."라고 말하니 "이 인형은 저에게 동생이나 마찬가지에요."라고 단호하게 말하는 것이었다.

"그랬구나. 그것은 몰랐네. 그런데 범수에게 선생님이 한 달 넘게 말했

잖아
공부시간에 인형 때문에 방해가 되는 것은 어쩌지?"

"……."

"없으면 마음이 불안하니?"

"네…."

"그럼, 가방에만 넣고 꺼내지 않는 것으로 할까?"

"(비로소 얼굴이 밝아지며) 네…."

분명히 지적했는데 교사의 말을 무시했다는 생각과 공부에 방해된다는 생각에 교사는 자신도 모르게 학생의 마음이나 생각을 물어보지 못하고 추궁하듯 말한 것이다. 학생도 교사가 자신의 생각을 들어줄 마음이 없다고 생각이 되어 처음에 물어봤을 때 대답을 하지 않았던 것이다.

　권위적인 생각과 일방적인 지시, 명령적이고 강압적인 마음자세는 하이어라포 형성을 방해하는 최대의 걸림돌이다. 학생을 인격적으로 대하면서 사랑하고 존중하는 마음으로 물어보고 듣는 것부터 시작해야 한다.

진단은 질문과 경청으로부터 시작된다

　학생을 효과적으로 지도하기 위해서는 학생의 현 상태를 정확히 알아야 한다. 즉, 진단하지 않고서는 어떻게 도울 것인가를 판단할 수 없기 때문이다. 그렇다면 어떻게 진단하는 것이 좋은가? 행동을 유심히 관찰할 수도 있고, 생활지도 기록부 등을 면밀히 파악해볼 수도 있겠지만, 가장 좋은 진단은 바로 질문과 경청이다. 많은 교사들이 이것을 모르지는 않으나 실제로 적용하지 못하고 있는 경우가 많다. 정확히 질문해서 학생이 자신의 마음을 털어놓고 대화하기 시작하면 의외로 쉽게 문제의 원인을 찾아 해결할 수 있게 된다.

　몇 년 전에 6학년 남자아이가 화장실에 있는 휴지 걸이를 밟고 화장실 칸막이를 올라가다가 청소하시는 아주머니께 발각된 적이 있었다. 그 아주머니는 옆 반 선생님께 이와 같은 위험했던 사건을 전했고, 옆 반 선생님은 나에게 그 학생이 다시는 그런 위험한 행동을 하지 않도록 혼내라고 하셨다. 아주머니와 옆 반 선생님은 왜 그런 행동을 했는지 파악해보려 하지 않고 아이가 다시는 그런 행동을 반복하지 않게 만드는 데 초점을 맞추었다. 나도 예전에는 아이의 의도를 묻지 않았다가 여러 문제들이 발생된 경험이 많았다. 아이가 억울하다고 소리친 적도 있었고, 아예 마음의 문을 닫고 나에게 말을 걸지 않게 된 적도 있었다. 이런 여러 경험을 통하여 아이의 생각과 의도를 파악하여 문제의 원인을 진단하는 것이 중요하다는 것을 알게 되었기 때문에 오후에 아이를 남겨 질문을 했다.

교사 : 중기야, 화장실 칸막이 위에 올라갔다는 것이 사실이야?
중기 : 네.
교사 : 왜 올라갔니?
중기 : 그게 말이에요…
교사 : 말해보렴. 선생님이 알아야 돕지.
중기 : 그게… 사실… 옆 반 철수가 변기에 앉아있는데, 화장실 천장에 CCTV가 자신을 찍고 있다고 해서요. 그거 전원 끄려고 올라갔어요.
교사 : 아… 천장에 달린 네모난 플라스틱 기계? 그거 끄려고?

중기 : 네.

교사 : 중기야, 그것은 CCTV가 아니야. 스프링쿨러야.

중기 : 네? CCTV가 아니에요?

교사 : 그래. 개인 사생활을 보호해야지 화장실에 CCTV를 누가 설치하겠니?

중기 : 그랬구나. 다행이다.

교사 : 당황한 친구를 위해 위험을 감수하는 중기의 마음은 정말 아름답구나. 그렇지만 확인도 안 해보고, 그렇게 위험한 행동을 하면 될까?

중기 : 아니요.

교사 : 그럼, 앞으로 어떻게 해야겠어?

중기 : 위험한 상황에서는 먼저 선생님께 여쭤볼게요.

위의 사례에서 아이의 의도는 친구를 돕고자 하는 마음이었다. 질문을 통해 아이의 의도를 알게 되었고 그것에 대해 칭찬을 한 뒤, 방법적인 면에서 부족했던 점이었던 안전 문제에 대해 알려주었다. 만약 위의 사례에서 질문하지 않고 아이의 의도를 교사가 일방적으로 판단해서 화장실 칸막이에 올라간 것을 혼내거나, 추궁하듯이 "너 거기 왜 올라갔어?"라고 물었다고 가정해보자.

아이는 교사에게 어떤 마음을 갖게 될까? 친구를 위했던 중기의 마음은 선생님의 꾸중이나 훈계로 인해 안타깝게도 드러나지 못했을 것이고, 중기는 선생님에게 마음을 열지 않았을 것이다.

인성 교육을 하려면, 학생의 생각이나 의도를 알기 위해 질문해야 한다. 물어보지 않고서는 무엇을 잘하고 있고, 무엇이 부족한지 알 수가 없기 때문이다. 마치 의사가 아파서 온 환자에게 문진도 하지 않고 약을 처방할 수 없는 것과 같은 이치이다. 따라서 학생들의 말과 행동의 원인이 되는 생각과 의도를 진단하기 위하여 질문을 하고, 경청해야 한다. 즉, 상대방의 말을 들어보면서 문제의 원인을 찾아내어 그 원인을 해결할 수 있는 적절한 지도를 해야 한다.

통상적으로 상담의 원리에서 '왜'라는 질문을 금기시하는 경향이 있다. 그러나 higher rapport가 형성된 상태에서는 '왜'라는 단어 자체에 얽매일 필요가 없었으며, 오히려 학생들이 자신의 말과 행동을 지배하는 무의식적 동기를 인식하게 하는데 효과적이라는 것을 현장에서 많이 체험하게 되었다. 즉, 무의식적으로 자신의 사고와 행동을 지배하고 있는 신념·가치를 인식하게 하는 질문을 통해 인성교육이 시작되는 것이다.

학생의 생각과 의도를 바르게 진단하고 교육하기 위해서 먼저 학생의 상태를 단정하지 말고 다음과 같이 질문을 해야 한다.

왜 그렇게 하지?
왜 그렇게 말하지?
왜 그렇게 행동하지?
왜 그렇게 생각하지?
왜 하지 않았지?

▲ 진단을 위한 Why 질문법

진단역량이 곧 교사의 전문성이다

아이들에게 나타나는 갖가지 특성을 파악하고 개별적으로 지도를 해야 하는데, 맞춤형 지도를 하기 위해서는 진단이 필수 조건이다.

4학년 윤수는 영재성의 요소 중 유창성과 융통성이 뛰어난 학생으로 공부 시간에 창의적인 아이디어를 제시하는 학생이었다. 그 학생의 모둠은 언제나 재미난 생각으로 가득 찼고, 다른 모둠이 미처 생각하지 못한 방법으로 발표하는 것을 좋아했다. 그런데 윤수는 혼자 작품을 만들어야 할 때, 작품의 수준이 보통 이하로 낮을 때가 많았다. 미술작품만 그런 현상이 나타난다면 미술에 재능이 없어서 그렇겠다고 생각할 텐데, 미술뿐만이 아니라 여러 과목에서 나타나는 현상이어서 문제가 있다고 생각되었다. 윤수에게 작품의 질을 위해 세밀한 부분에 대해 말을 하면 윤수는 "귀찮다."라는 대답을 많이 했다. 나중에 윤수 어머니와 이 부분에 대해 상담을 하게 되었고, 그동안의 관찰과 대화를 통해 알게 된 부분 즉, 윤수의 유창성과 융통성은 매우 뛰어난 반면 정교성과 과제 집착력이 떨어진다는 것을 말씀드렸다. 윤수 어머니도 매우 공감하면서 자신이 느끼던 문제점을 선생님이 명확하게 표현해 준 것에 감사해 하셨다. 그리고 2년 뒤에 아이를 영재원에 시험을 보게 할 때 담임교사가 아니었음에도 나에게 추천서를 써 달라고 찾아오셨다. 아마도 그때의 나의 진단이 아이에게 적절했고, 아이에 대해 바르게 알고 추천할 수 있을 것 같다는 믿음이 생기셨던 것 같다. 그 일을 계기로 나는 진단역량이 곧 교사의 전문성이라는 것을 느꼈다.

그러면 진단은 어떤 식으로 이루어지는가? 의사가 어디가 아파서 왔냐고 물어보면 다수의 환자들은 "감기인 것 같아요." "중이염인가 봐요." 등 자신의 진단을 말한다고 한다. 환자가 그렇게 느낀다고 의사가 무조건 감기약을 주지는 않는 것처럼 교사는 학생이 판단하는 것과 별개로 학생 문제의 원인을 관찰과 질문, 생활기록부, 부모와의 상담 등을 통해 정확하게 진단하기 위해 노력한다. 학생 스스로 자신에 대해 진단을 끝내고 자신의 생각대로 대답하는 것이 많은데, 교사가 이때 적절하고 핵심을 찌르는 질문을 통해 제대로 된 진단을 해야 한다. 불경에 직지심경(直指心經)이 있다. 마음을 직접적으로 가리키는 말씀이라는 뜻이다. 교육자의 질문은 이와 같아야 한다. 질문을 하는 사람에게는 진단의 기회를, 질문을 받는 사람에게는 문제를 인식할 수 있는 통찰을 이끌어내게 된다.

6학년 남수라는 아이를 가르칠 때였다. 남수는 이해력이 좋은 편인데, 성적이 잘 나오지 않아서 스스로 부정적인 생각이 많아지고 있었다. '공부는 하루 몇 시간 하고 있니?', '누구와 공부하니?', '이번 시간 끝나고 이해 안 되는 것은 없었니?' 물어보기도 했는데, 딱히 성적이 낮은 까닭을 찾을 수가 없었다. 그렇게 시간이 지나다가 수학 시간에 우연히 한 장면을 보게 되었다. 방정식의 원리를 파악한 후 문제를 직접 풀어보게 하는데 문제가 한 문제 뿐이어서 1분의 시간을 주었다. '10초', '20초' 남수를 쳐다보고 시간을 말해주고 있었고, 다른 사람들은 시간이 1분 밖에 없기 때문에 바로 문제를 풀기 시작했는데, 남수는 손톱 옆의 살을 뜯고 있었다. 30초를 말하는 순간 남수는 연필을 바로 잡고 빠르게 문제를 풀기 시작했다.

교사 : 남수야, 아까 보니까 30초 될 때까지 문제를 안 풀고 손톱을 뜯고 있었는데, 왜 바로 시작하지 않았니?

남수 : 30초면 충분히 풀 수 있을 거로 생각했어요. 실제로 그렇게 풀었고요.

교사 : 그렇구나, 혹시 그러면 보통 과제를 할 때도 그런 식으로 하는 편이니?

남수 : 네.

교사 : 예상보다 시간이 모자란 적은 없었어?

남수 : 거의 없었어요.

교사 : 시험공부 할 때는 어때? 보통 얼마나 걸린다고 생각하고 얼마나 공부하는 편이니? 일주일 공부하니?

남수 : 아니요. 한 이틀 공부해요.

교사 : 그래? 이틀이면 10과목 공부하기 버겁지 않니?

남수 : 좀, 그래요.

교사 : 그러면 한 번도 다 못 보고 시험을 보게 되는 것이지?

남수 : 네.

교사 : 그런데, 그동안 남수는 머리가 나쁘다고 생각했었지?

남수 : 네.

교사 : 한 번도 못 봤는데 시험을 잘 볼 수 있을까?

남수 : 아니요.

위의 대화에서 남수는 스스로 머리가 나빠서 공부를 못한다고 생각하고 있었지만, 교사의 관찰과 질문으로 진단한 결과는 바로 바로 행하지 않고 미루는 게으름이 문제였다. 교사가 질문을 하며 대화하는 도중에도 남수는 바로 시작하지 않는 것이 별 문제 없다는 자신만의 생각의 틀로 대답을 하였다. 교사는 학생의 그런 반응과 대답을 들으면서도 포기하지 않고 정확한 문제의 원인을 진단하기 위해서 질문을 해보며 대화를 해야 한다. 자기의 생각을 보게 하는 질문을 통해서 모든 행동의 원인이 되는 속생각을 인식하게 함으로써 학생은 미처 알지 못했던 자신의 문제점을 발견하게 되고 교사는 바른 진단을 하게 된다. 이를 통해 교사는 단순한 지식 전달자에서 인성교육 전문가로서 자리매김하게 된다.

질문으로 진단할 때 유의할 점

1. 정말 궁금해서 묻고 있는가?

교실 현장에서 겉으로는 질문을 하고 있지만, 실제는 상대를 추궁하거나 결과를 문책하려는 의도로 질문을 하는 경우가 많다. 많은 부모와 교육자들이 "왜 그랬어?"라고 물어볼 때, 실제로 혼을 내거나 야단치는 경우도 있기 때문에 상담 분야에서는 이와 같은 질문을 지양하는 경향이 생기게 된 것이다.

정말 궁금해서 하는 질문은 일단 부정적으로 판단하거나 질책하려는 의도가 없어야 한다. 그리고 학생에 대해 문제 행동의 원인이 되는 생각과 의도가 진심으로 궁금해서 질문해야 한다. 궁금한 마음으로만 질문을 하면, 아이들도 부담 없이 대답하게 되고 자신의 생각과 의도를 거리낌 없이 꺼내놓는 것을 경험하게 된다. 그래서 중요한 것은 교사 자신이 어떤 마음자세와 의도로 질문하고 있는지 스스로 인식할 수 있어야 한다는 것이다. 즉, 교사 자신의 마음을 볼 줄 알아야 한다. 그래야 순간적으로 질책하고자 하는 마음을 인식하고 돌이켜, 학생을 돕기 위한 마음으로 질문해서 올바르게 진단할 수 있게 된다.

2. 편견 없이 묻고 있는가?

새 학년이 되어 학생들을 처음 만났을 때는 아이들에 대한 정보가 없으므로 편견이 없다. 그래서 학생들의 말을 있는 그대로 받아들이고 믿어주게 된다. 하지만 시간이 지나고 학생들에 대한 정보들이 입력되고 나면 한번 입력된 정보가 잘 바뀌지 않고, 상대의 행동 패턴을 추측하고 예상하게 된다. 특히 입력된 정보 중 부정적인 정보들은 더 강하게 인식되고 편견이 되어 마치 그 부정적 정보가 맞는지 재확인이라도 하듯 묻게 된다. "왜 그랬어? 너 저번처럼 친구를 따돌리는 것 아니니?", '또 늦잠 자서 지각했을 거야.', '이 아이는 게을러.' 이런 편견들이 학생의 이야기를 있는 그대로 받아들이지 못하게 하고, 학생의 말을 왜곡해서 듣게 되어 정확한 진단을 어렵게 하는 것이다. 따라서 교사는 학생에 대해 기존에 가지고 있던 정보가 있더라도, 모든 가능성을 열어두고 치우치지 않는 질문을 해야 한다. 만약 교사가 기존에 알고 있던 것과 같은 진단이 되면, 예전에 가지고 있던 정보를 토대로 구체적으로 지도 방법을 찾고, 교사가 알고 있던 정보와 다를 때는 정보를 수정하며 교육할 수 있는 길을 찾으면 된다. 마찬가지로 이것이 가능하기 위해서는 무엇보다도 교사가 자신의 마음을 볼 수 있는 역량이 준비되어야 하고, 이를 바탕으로 아이들에 대해 편견 없이 질문을 해야 한다.

3. 질문을 위한 질문이 아니라 맞춤형 질문을 해야 한다

질문에 익숙해졌을 때 생기는 부작용 중 하나는 질문을 위한 질문이다. 만약 교육자가 앞에 제시된 'Why 질문법'을 활용하였는데, 학생은 오히려 대답을 하지 않거나 억지로 대답하는 반응이 온다면, 질문을 하고 있는 본인이 질문을 위한 질문을 하고 있는지를 돌아보아야 한다. 학생에 대한 관심과 사랑이 아니라 방법적으로만 질문법을 사용할 경우는 질문을 위한 질문이 되고, 학생들도 대답을 위한 대답을 하게 된다. 처음에는 아이들도 자신의 생각을 물어오니 즐거워하고 잘 대답하지만, 매뉴얼처럼 느껴지거나 결국 교사가 하고 싶은 말을 하기 위해서 질문의 형식을 이용한다고 느끼게 되면 이미 대화 자체는 의미가 없어지게 된다.

매번 반복되는 아이의 잘못된 행동을 보았을 때, 습관적으로 물어보는 것이 아니라 무엇 때문에 아직도 고쳐지지 않는지 숨겨진 진짜 이유를 진단하기 위해서 물어본다면 질문이 세밀해지고 달라지게 된다. 다시 말하면 습관적으로 "왜 그랬어?" 만 물어보는 것이 아니라 "지난번에 약속한 것을 지키기가 버겁니?", "이 문제가 너에게 꼭 고쳐야 하는 문제로 여겨지니?" 등 학생의 현재 수준을 정확하게 파악하기 위한 그 학생에게 맞는 질문을 찾아가야 한다.

4. 무엇을 물어봐야 할지 모르겠다면?

관심을 가지고 지도하기 위해 정성을 쏟으면, 세밀하게 보이기 시작하고, 궁금한 것이 자연스럽게 생긴다. 그러면 교사는 시기적절한 질문을 할 수 있다. 질문을 통해 학생의 상태를 진단하고, 원인을 제거하기만 하면 된다. 학생에 대해 궁금한 것이 없고 무엇을 질문해야 할지 보이지 않는다면, 교사는 그 학생에 대해 정말 관심과 사랑을 쏟고 있는지를 점검해 볼 필요가 있다. 사랑과 관심이 충분하지 않은 가운데 하나의 의무처럼 맹목적인 "왜 그랬어"라는 질문은 오히려 질책처럼 될 가능성이 높다. 교사로서 이런 과정이 힘들게 느껴질 때도 있을 것이다. 그럴 때마다 교사가 처음 되었을 때의 열정을 생각하면서 초심을 상기시키며 다짐을 하는 것이 큰 도움이 된다. 사랑을 하면 할수록 더 큰 에너지를 얻게 되기 때문이다.

왜 가치기준인가?

어떤 가치기준을 세워줄 것인가?

가치기준은 어떤 과정을 통해 정립되는가?

가치기준이 세워지면 무엇이 좋은가?

Process 3. 가치기준 바로 세우기

　인성 부장을 맡고 있던 중, 6학년 학생이 4학년 학생을 때린 일로 4학년 학생의 학부모가 CCTV를 확인하고 싶다는 민원전화가 왔다. CCTV를 통해 6학년 학생이 4학년 학생의 엉덩이를 발로 차는 장면이 확인되었다. 즉시 두 학생을 따로 불러 자초지종을 들어보고 확인해 보니 사건은 다음과 같았다. 6학년 홍서가 4학년 한조에게 자전거를 빌려달라고 했는데 빌려주지 않았고, 기분 상한 홍서가 앞을 막아서서 한조의 자전거를 발로 찼다. 한조 역시 화가 나서 자전거로 재빠르게 도망가며 형인 홍서를 "바보!"라고 놀렸다. 이에 격분한 홍서가 따라가서 한조를 때렸던 것이다. 이 사건의 전말을 홍

서 담임교사에게 연락드렸는데 담임과 상담을 끝내고 온 홍서의 태도는 기대와 다르게 반성의 기미가 보이지 않았다.

인성 부장 : 왜 여기 온 줄 아니?

홍　　서 : 네. 4학년 애 때려서요. 근데 걔가 저한테 바보라고 했다고요. 형인 저한테 그러는데 어떻게 참아요?

인성 부장 : 그래? 그럼 넌 동생에게 사과할 생각이 없네. 그렇지?

홍　　서 : 네. 걔가 형인 나한테 바보라고 했잖아요. 얼마나 기분이 나빴는데요.

인성 부장 : 담임선생님께서는 뭐라고 하셨어?

홍　　　서 : '동생에게 바보라는 말을 들으면 화가 나겠구나' 하시면서 그럴
　　　　　　수 있겠다고 하셨어요.
인성 부장 : 그리고?
홍　　　서 : 저를 이해해 주셨어요.

　홍서 담임교사는 평소 사랑과 이해심이 많은 분이었다. 그래서 아이의 마음을 이해는 해주셨지만, 무엇이 옳고, 그른지 지도해주지 못해서 반성의 기미가 없었던 것이다. 물론 홍서의 담임교사가 홍서를 이해해준 것이 홍서가 동생을 때리는 것을 계속 우지하라는 의미는 아니었을 것이다. 하지만 위의 대화를 보면 담임 선생님의 이해가 홍서에게 어떤 변화도 이끌어내지 못했고, 오히려 자신의 행동에 대해 합리화하는 계기가 되었음을 확인할 수 있었다. 학생의 성장과 발전을 돕는 것이 교육자의 역할임을 상기할 때 위와 같은 일은 있어서는 안 될 것이다.
　그렇다면 위와 같은 상황에서 어떻게 교육을 해야 할까? 어떤 가치기준을 세워주어야 할까? 그것이 인성교육의 핵심이다. 반성의 기미가 없는 홍서와 다음과 같이 대화를 하였다.

인성 부장 : 홍서야, 때린 것이 더 큰 잘못이니, 놀린 것이 더 큰 잘못이니?
홍　　　서 : 때린 거요.

인성 부장 : 동생이 놀린 것도 잘못이지만, 왜 놀리게 된 거지?

홍　　서 : …

인성 부장 : 네가 자전거를 막아서고 발로 차서 그런 것 아니니?

홍　　서 : 맞아요.

인성 부장 : 그럼, 홍서의 잘못이 크네. 자전거도 4학년 동생 것이니까 빌려주든 안 빌려주든 누구 마음이지?

홍　　서 : 그 애요…

인성 부장 : 그러니 안 빌려주면 어떻게 해야 해?

홍　　서 : 가만히 있어야 해요…

인성 부장 : 그런데 동생을 막아서고 자전거를 발로 찼으니, 누가 먼저 잘못한 거지?

홍　　서 : 저요.

인성 부장 : 그럼 누가 사과해야 하지?

홍　　서 : 저요…

　홍서는 하나하나 대답하면서 자신의 잘못이 컸음을 인식하였고, 처음 보았을 때와는 사뭇 다르게 진지해졌다. 두 학생을 같이 불러서 사과하게 했더니, 동시에 서로 잘못했다고 진심으로 사과하였다.

　우리 주변에서 일어나는 학교 폭력, 왕따 등 모든 문제들의 원인은 결국 인성의 문제이다. 인성의 문제란 곧 가치관의 문제인데, 가치관의 문제는 무엇이 옳고 그른 것인가에 대한 판단기준의 문제이다. 이 시대가 다양성을 인정한다는 미명하에 옳고 그름을 분별하지 않고 살아가다 보니 사람들이 삶의 기준을 모르는 것이다. 그래서 인성교육은 올바른 가치기준을 구체적으로 알려주는 것이 중요하다.

가치기준 세우기란 무엇인가?

우리의 인생은 선택의 연속이다. 누구든지 그 선택의 순간에 가장 좋은 결정을 하길 원한다. 왜냐하면 그 선택들이 우리의 삶을 결정짓기 때문이다. 문제는 매 순간 과연 어떤 기준으로 판단을 하고 결정하는가이다. 이때 판단의 근거가 되는 것이 가치기준이다. 옳은 기준으로 선택하게 되면 옳은 결과가 나오고, 옳지 않은 기준으로 선택하게 되면 옳지 않은 결과가 나오는 것이 당연하다. 그래서 우리에게는 옳은 가치기준이 필요하다.

그렇다면 어떤 가치기준이 옳은 가치기준일까? 옳은 가치기준이란 민족, 국가, 종교를 초월하여 누구나 옳다고 인정할 수밖에 없는 가치들이다. 결국 인성교육의 핵심 과정은 보편타당한 가치들을 학생들이 자신의 삶의 가치로 수용하고 생활화할 수 있도록 하는 것이다. 그래서 옳은 가치기준이 무엇인지 알고, 그것을 왜 지켜야 하는지, 지켰을 때 무엇이 좋은지를 알게 하는 과정을 가치기준 세우기로 명명한다.

학생들에게 꼭 세워줘야 할 가치기준

그럼 민족, 국가, 종교를 초월한 인류 보편적인 가치기준은 무엇일까? 저자는 문헌 연구와 현장 경험을 통하여 인류 보편적인 가치기준 열 가지를 선정하였고, 이를 학생들에게 가장 잘 이해하고 실천할 수 있도록 지도하는 방법을 연구하였다. 열 가지 가치기준은 **부지런, 성실, 정직, 이해, 용서, 배려, 사랑, 적극, 긍정, 진실**이다. 학생들에게 막상 무엇이 성실인지, 부지런함인지 물어보면 "열심히 하는 거요!"라든지 "최선을 다하는 거요."라고 막연하게 대답하거나 아예 말문이 막혀 한마디 대답도 못 하는 경우를 많이 보았다. 이것은 교사들과의 모임에서도 마찬가지였는데 익숙한 말이지만, 명확히 개념을 가지고 있지 못한 경우가 대부분이었다. 그 이유는 삶 속에서 체험을 통해 그 의미를 깨닫지 못했기 때문이다. 체험해 보면 자신 있게 말 할 수 있고 자기가 직접 느낀 점을 통해 분명하고 명확한 개념 정리가 이루어지게 된다.

모든 교육은 교사가 제대로 알고 있을 때 학생에게 가장 완전하게 교육할 수 있듯이 학생들의 가치기준을 바로 세워주기 위해서는 교사부터 가치기준을 재정립하는 것이 필요하다. 그렇게 되면 놀라운 경험을 하게 된다. 교실 현장의 문제 상황과 학생 각자의 문제점을 명확하게 파악하게 되고, 현실적인 해결 방안 또한 제시할 수 있게 된다.

인류 보편적인 가치기준은 사실 너무도 평이하고, 누구나 어릴 때부터 들어온 내용이다. 여기에서는 가치기준의 실천적 의미와 지도사례를 간단히 살펴보도록 하겠다.

1. 부지런과 성실

부지런이란 자기 앞에 닥치는 모든 일을 미루지 않고 행하는 것이다. 할 일을 미루는 이유는 귀찮아하는 마음 때문이다. 즉, 부지런이란 아침에 일찍 일어나는 것도 있지만, 모든 일을 귀찮아하지 않고 자기가 할 일을 곧바로 행동하는 것이다.

신규 시절, 문서회람이 어찌나 많던지 체크하고 돌아서면 또 오고, 체크하면 또 오고. 아이들 가르치기도 바빴는데, 회람 때문에도 더 바빠졌다. 회람이 있을 때마다 '나중에 해도 되겠지.'하고 슬며시 미뤄뒀던 것들을 쉬는 시간에도 잘 보지 않았고 결국 우리 반은 한번 들어가면 나오지 않는

블랙홀이 되고 말았다. 막상 부지런히 처리하려고 하면 몇 분 걸리지 않는 소소한 일들인데 말이다. 그때는 나 하나 때문에 학교의 전체적인 일 처리가 지연되고, 담당자는 속이 까맣게 탄다는 것을 몰랐다.

이렇듯 부지런은 나뿐만이 아니라 모두를 위해서도 갖추어야 하는 가치기준이다. 한편 게으른 사람은 부지런한 사람들의 배려를 잘 모른다. 왜냐하면 자신의 기준에서는 그 부지런한 손길이 안 보이기 때문이다. 본인이 부지런해 보면 비로소 보이지 않던 누군가의 도움과 손길이 눈에 들어오기 시작하고 감사할 줄 알게 된다.
마찬가지로 교사와 부모가 부지런의 기준이 바로 서면 학생과 자녀의 모습이 눈에 들어오게 되고 지도할 수 있게 된다.

3학년인 진희는 1, 2학년 때까지 항상 9시를 넘겨서 학교에 오던 아이였다. 3학년이 되어서도 매일 지각했다. 나는 일단 진희를 한 달 동안 지켜보면서 왜 늦는지 매일 물어보았다. 진희는 아파서 늦게 온 날도 있었지만, 80% 이상은 아침에 늦게 일어나서 지각하는 것이었다. 계속적인 지도에도 변화가 없어서 이래서는 안 되겠다는 생각이 들어 아이들이 없을 때, 진희를 불러서 단호하게 기준을 세워주었다.

교사 : 진희야, 오늘은 왜 늦었어?

진희 : 오늘 늦게 일어났어요.

교사 : 왜 늦게 일어났는데?

진희 : 놀다가 늦게 잤어요.

교사 : 그랬구나. 진희야, 아프면 늦을 수 있는데, 이렇게 특별한 이유 없이 늦는 것은 용납될 수 없단다. 자꾸 용납이 되면 진희의 지각하는 습관이 고쳐지지 않고, 계속된단다. 그럼 진희는 부지런해질 수 있을까?

진희 : 아니요.

교사 : 내일부터는 아프거나 급한 일이 아니면 절대 지각하지 말자.

진희는 시무룩한 표정으로 돌아갔다. 다음날 진희 어머니께서 아침 활동 시간에 진희를 데리고 쫓아오셨다. 진희가 지각한 것 때문에 혼을 내셨냐면서 따지러 오신 것이다.

어머니 : 선생님, 우리 진희가 지각했다고 혼내셨다면서요!

교　사 : 진희 어머니, 잘 오셨습니다. 제가 진희를 한 달 동안 지켜보았습니다. 지각할 때마다 물어보니 특별한 이유 없이 늦는 날이 더 많더라고요.

어머니 : 네. 저도 늦게 일어날 때가 많아서요.

교　사 : 아, 그러셨군요. 어머니, 진희가 지금은 9시에 오지만, 지각하는 습관이 지금 고쳐지지 않으면 점점 늦어지게 돼요.

어머니 : 애가 좀 늦을 수도 있죠. 그리고 수업 시간 전에만 오면 되는 거 아니에요?

나는 진희 어머니와 대화하면서 어머니부터 지각하는 것에 대해 전혀 문제의식이 없기 때문에 진희가 지각하는 습관이 고쳐지지 않았다는 것을 알게 되었다.

교　사 : 그러다가 1교시에도 안 오고, 2교시에도 안 오게 되더라고요. 예전에 맡았던 아이가 그렇게 점점 게을러지는 것을 보아서 제가 너무 걱정돼서 그래요.

어머니 : …

교　사 : 게다가 진희가 회장인데, 지각해서 매일 선생님께 꾸중을 듣게 되면 반 친구들에게 리더로서의 신뢰도 잃게 되잖아요. 그러면 아이 자존감도 자꾸 상할 수 있어요.

어머니 : 그렇지요.

진희의 문제는 사실 어머니의 문제였던 것이다. 어머니께 부지런한 것이 진희의 앞으로의 인생에 얼마나 중요한 것인지 설득하는 데에는 많은 시간이 필요했다.

교　사 : 어머니, 진희가 부지런해질 수 있도록 가정에서 도와주세요. 어머니께서 어떻게 도와주시면 좋을까요?

어머니 : 음… 그럼, 제가 시간 맞추어 일어나서 일단 아이 아침을 먼저 챙겨주고 제시간에 학교에 보내도록 하겠습니다.

교　사 : 어머니, 도와주셔서 감사합니다.

다행히도 진희는 그다음부터 지각하지 않았다. 진희 어머니도 아프거나 특별한 일이 있어 학교에 늦는 날에는 미안해하시며 문자나 전화로 나에게 꼭 연락을 주셨다. 그때마다 감사한 마음으로 반갑게 전화를 받았고, 진희도, 진희 어머니도 지각하는 습관을 고친 것을 자랑스럽게 생각하게 되었다.

성실(誠實)이란 한마디로 꾸준함이다. 즉, 마음을 쏟아 반복하여 실천하는 능력을 의미한다. 당장 하루, 또는 일주일을 노력하고 마는 것이 아니라 1년, 10년을 꾸준히 지속할 수 있는 역량이 성실이다. 우리가 흔히 이야기하는 '일만 시간의 법칙'이 여기에 해당한다. 어떤 분야에서 일가를 이루고 전문가가 되기 위해서는 1만 시간, 즉, 10년 또는 일상적인 꾸준한 삶의 시간이 필요하다는 것이다. 세상의 어떤 성취도 성실함 없이는 이루어질 수 없다.

이렇게 학생들이 부지런한 마음과 성실한 실천으로 자신의 일을 해 나가면 자신감과 안정감을 갖게 되고, 주변 사람의 신뢰와 사랑도 자연히 따라오게 되어 있다. 너무 당연한 이야기인데 그 중요성을 잘 인식하지 못하고 있다.

 학급에서 숙제를 안 해 오고, 준비물도 챙기지 못하며, 수업 시간 활동도 게을리하고, 그로 인해 모둠원들과의 다툼도 잦은 학생이 있었다. 이런 학생은 늘 선생님과 친구들의 보살핌이 필요하다 보니 선생님과 주변 사람들은 피곤해했고, 자기 자신도 언제 혼이 날지 몰라 주눅이 들어 있거나, 때론 자존심을 지키기 위해 거칠게 반항하기도 했다. 실제로 무언가를 하지 않았을 때는 혼나기 싫은 마음에 거짓말까지 하게 되면서 악순환이 반복되는 학교생활을 하였다. 이 학생은 왜 이렇게 되었고, 무엇이 문제인가? 바로 부지런함과 성실의 가치기준을 제대로 배우고 익히지 못했기 때문이다. 보통 이런 부분들은 가정교육의 탓으로 돌려지는 경우가 많다. 사실 부모의 책임이 크다고 할 수 있다. 그러나 교사로서의 책임도 역시 크다. 즉, 교사는 가정교육에 화살을 돌리기보다는 교사의 역할에 집중해야 한다. 학생이 성실하고 부지런한 생활을 하도록 지도하는 것이다. 그래서 학생들이 적성에 따라 사회의 어느 분야에서 일하더라도 목표를 달성하고 주변의 인정을 받으며 살아갈 수 있는 기초를 세워주는 역할을 해야 한다.

교사 : 은수야, 아까 국어 교과서 논설문 다 썼니?

은수 : 아니요.

교사 : 그럼, 다 마치고 가야지?

은수 : 오늘 약속 있어서 끝나자마자 가야 해요.

교사 : 그렇다면 점심시간에 끝마쳤어야지. 수행평가라서 오늘 분명히 끝마쳐야 한다고 말했는데도, 점심시간에는 기태하고 놀던걸?

은수 : (입이 비뚤어지고 눈을 흘기며 가만히 서 있다.)

교사 : 은수야, 여기 앉아보렴. 은수야, 지난번에 미술 그리기 과제 다 끝냈니?

은수 : 아니요.

교사 : 벌써 한 달이 지났는데도 다 하지 못했잖니? 시간이 없어서 과제를 다하지 못했을까?

은수 : 아니요.

교사 : 은수야, 은수는 다른 친구들이 과제를 끝낼 때까지 못 끝내는 경우가 많잖아. 왜 그런 것 같아?

은수 : 저는 생각하는 데 시간이 오래 걸려요.

교사 : 맞아. 그래서 은수의 작품은 독창적이고 세밀해. 그것이 은수의 장점이야. 그런데 은수야, 은수는 구상 단계를 끝내면 작품을 실제로 완성해야 하는데, 친구들 작품을 구경하고 이야기하다가 작품이 미완성으로 남는 경우가 많았잖아. 그렇지?

은수 : 네.

교사 : 하지만 만약 어떤 작품이 독창적이고 세밀한데, 작품이 완성되지 않는다고 생각해보자. 점수를 받을 수 있을까?

은수 : (골똘히 생각하며) 아니요.

교사 : 맞아. 그러면 점수를 받으려면 어떻게 해야 하지?

은수 : 완성이 되어야 해요.

교사 : 맞아. 완성하려면 어떻게 해야 해?

은수 : 딴짓하지 말고 끝까지 해야 해요.

교사 : 그렇지. 그것을 성실이라고 해. (웃으며) 은수는 완성만 시키면 A 플러스 감이야. 하지만 완성 자체가 안되면?

은수 : F ?

교사 : 그렇지. 잘해봤자 C 정도 받을 수 있겠지. 얼마나 속상하냐. 그 좋은 아이디어를 완성만 하면 되는데, 완성하지 않아서 점수조차 받을 수 없으니 말이야.

은수 : (골똘히 생각한다)

교사 : 은수야, 오늘 시간이 걸려도 성실하게 끝마치겠다는 생각으로 해 볼래?

은수 : 네.

그 뒤로 은수를 지켜보니 은수는 어떤 과목이든 본인이 어렵다고 느껴지면 미루거나 포기하는 경향이 있었다. 수학 문제를 풀다가 안 풀리면 멈추고 딴짓하는 은수에게 끝까지 포기하지 않고 완수하도록 도왔고, 미술 시간에도 연필만 붙잡고 시간을 보내고 있을 때는 구체적으로 어떻게 그림을 그리고 색을 칠해야 하는지 안내해 주었다. 이런 과정에서 은수는 힘들어도 과제를 끝내는 것에 대해 인식하게 되었고, 과제 완수를 위해 노력하였다. 2학기 실과시간에는 다른 사람들보다 주머니를 만드는 시간이 오래 걸리자 부모님의 도움을 받지 않고 혼자 하겠으니 집에 가져가서 하게 해 달라고 스스로 요구하기도 하였다. 이렇게 과제를 완수하는 즐거움을 맛본 은수를 칭찬하며 다른 과목에도 적용할 수 있도록 꾸준히 도왔다. 그 결과 은수는 전반적으로 모든 과목에서 성실하게 학습에 임하는 학생으로 변화되었고, 2학기 기말고사에서도 모든 과목에서 만점을 받게 되었다.

2. 정직

정직(正直)은 거짓이 없는 것이다. 즉, 거짓말하지 않는 것이다. 속이지 않는 것이다. 바르고(正) 곧은(直) 길이다. 그래서 목표로 가는 가장 빠른 길이다. 이렇게 정직의 가치기준이 바로 서면 스스로도 떳떳하고, 부모님, 선생님, 친구들 누구에게든지 신뢰를 얻게 된다.

어느 날, 한 학생이 궁금한 듯 물었다.

"선생님, 장난으로 거짓말하는 건 누구한테 피해준 것도 아니고, 그 애도 재밌어하던데, 왜 거짓말하면 안 돼요? 인생이 재미없잖아요."

그럴듯한 말이 아닌가? 그러나 이런 사람은 거짓말이 본인은 물론 우리에게 어떤 영향을 미치는지 제대로 배우지 못했고, 본인도 깊이 생각해 보지 않았기 때문에 재미와 장난이라는 이유로 쉽게 생각하는 것이다. 그러므로 교사는 농담과 거짓말을 구분할 수 있도록 가치기준을 세워줘야 한다. 음해성 거짓말도 말이다.

먼저 정직하지 않은 것이 나 자신과 이웃과 사회와 국가 차원에 미치는 영향을 생각해보면, 자신의 목적과 이익을 위해 서로를 속이면서 우리 사회는 믿지 못하는 곳으로 바뀌었다. 그래서 더 많은 법과 제도 등 통제 시스템이 필요하게 되었다. 사실 이 모든 비용은 고스란히 국민의 몫이다. 정직하지 못해 서로를 믿지 못함으로 발생하는 물질적, 인적 비용인 것이다. 그래서 우리는 서로 속이는 사회를 비판하기 전에 우리 자신부터 정직해야 하고, 이런 정신과 문화가 후대에 물려줄 가장 중요한 유산이라고 생각한다.

그리고 개인적 차원에서도 거짓말은 결국 자신의 신뢰를 떨어뜨리게 된다. 상대방은 항상 '정말 그런가?'라고 그 의도를 의심하게 될 것이다. 그렇다면 이것은 누구에게 손해인가? 교사는 그것을 명확히 알게 해 주어야 한다. 세 살 버릇이 여든까지 간다는 속담처럼,

학생 시기부터 명확하게 가치기준을 정립시켜 주는 것이 어떤 교과 지식보다도 중요하다. 그리고 더 나아가 남을 속이는 거짓말과 그 뿐만 아니라 남에게 자신의 부족을 숨기기 위한 변명이나 핑계, 그리고 자기 자신을 속여 스스로를 합리화하는 것도 본질적으로 정직이 아니라는 것까지 알려주어야 한다. 이것이 스스로 정직의 가치기준을 엄격하게 정립해 가는데 필요하다.

다른 한 편으로 보면, 정직하지 못한 사람이 대부분 게으르고 불성실할 경우가 많다. 게으르고 불성실하여 자신이 할 일을 하지 않았기 때문에, 남에게는 변명을, 본인 스스로에게는 합리화를 시키면서 결국 자기 스스로를 속이는 모든 방법을 동원하게 되는 것이다. 이렇게 정직, 성실, 부지런은 상호 연관성을 가지고 있으며, 이러한 연관성을 인식하고 지도해가야 한다.

내가 신규 시절이던 어느 해, 기말 평가를 보고 시험지 확인을 하는 도중에 4학년 진수가 잘못 채점되었다고 시험지를 들고나왔다. 그런데 손에는 연필과 시험지가 함께 들려 있었고, 틀렸다고 표시된 문제의 답에 1자를 4자로 쓴 표시가 역력해 보였다. 그래서 나는 아이들이 다 가고 단둘이만 있을 때 진수에게 물어보았다. 다행히 진수는 이미 자신의 거짓말이 탄로 났다는 것을 눈치챈 듯 고개를 푹 숙이고 있었다.

교사 : 진수야, 정직하게 답해 주렴. 이 문제 정말 맞았는데, 틀렸다고 선생님이 잘못 채점한 것이니?

진수 : ······

교사 : 진수야, 선생님은 이 4점보다 진수의 소중한 양심을 지키고 정직한 것이 훨씬 더 중요하다고 생각한단다. 정말 정직하게 이야기해줘. 답을 고치지 않았니?

진수 : ······

진수는 끝까지 그렇다, 아니다 대답하지 않고 묵묵부답으로 서 있었다. 나는 진수의 입에서 어떤 대답을 듣기보다도 진수가 스스로 정직을 선택하기를 바라는 마음으로 더 이상 묻지 않았다. 그리고 나의 빨간 색연필을 진수의 손에 쥐어주었다.

교사 : 진수야, 네가 직접 채점을 하렴. 그 답이 맞았다면 동그라미를, 틀렸다면 가위표를 해줘. 하지만 이것만 알아줘. 만약 지금 속이게 된다면, 그렇게 얻은 점수는 내 실력이라고 할 수 없어. 그리고 계속 거짓말을 하고 싶어질 거야.

진수 : 네.

교사 : 선생님은 진수가 불안하지 않고 떳떳하게 살 수 있도록 용기 있는 선택을 했으면 좋겠다.

진수 : ……

나는 진수에게서 시선을 거두고 업무처리를 하였다. 조금 있다가 진수가 시험지와 색연필을 가지고 나왔는데, 크게 가위표가 쳐져 있었다. 고맙게도 진수는 정직을 선택했던 것이다.

교사 : 진수야, 옳은 선택을 해주어서 선생님이 고맙다. 정말 잘했다. 이렇게 정직하니까 떳떳하고 네 마음도 편하고 좋지 않아?
진수 : (맑은 얼굴로) 네.

진수는 어둡고 우울했던 아까와는 다르게 떳떳하고 홀가분한 표정으로 돌아갔다. 그 후 진수는 그런 일을 다시는 하지 않았다. 꾸짖는다고만 고쳐지는 것이 아니다. 옳은 선택을 할 수 있도록 돕는 사랑이 필요하다.

3. 이해와 용서와 배려

이해(理解)는 상대방의 입장에서 생각하는 것이다. 즉, 상대방이 그렇게 행동할 수밖에 없는 이유를 알려고 노력하는 것이다. 특히 교사는 교육적인 차원에서 학생을 이해하려는 마음을 내야 한다.

친구의 의도성 없는 작은 실수에도 화를 내거나, 자신과 다른 스타일의 친구를 이해하지 못하는 학생들이 있다. 이런 학생들은 매사에 예민하게 반응하면서 친구를 미워하거나 불평하는 모습을 보인다. 자기 기준으로 상대방을 판단하면서 스트레스를 받고도 왜 나만 이해해야 하냐며 그것이 손해라고 생각한다. 보통 우리는 누군가를 이해한다는 것이 상대를 위한 것으로 생각한다. 그러나 엄밀하게 말하면, 이해는 자신을 위한 것이다. 왜냐하면 상대방의 입장에서 생각해보면 그럴 수밖에 없는 이유를 찾게 되면서 오히려 내가 스트레스에서 벗어날 수 있기 때문이다. 그래서 이해하는 방법을 배우기 시작하면 작은 일에 화내지 않고 여유롭게 살아갈 수 있다.

용서란 어떤 잘못에 대해 더 이상 미워하거나 원망하지 않는 것이다. 즉, 그 사람의 잘못에 대해 더 이상 그 사람을 판단하거나 미워하지 않는 마음이다. 한 학생이 전에 있었던 서운했던 일로 한 친구를 1년이 넘도록 미워하며 다른 친구들에게 그 친구의 험담을 해서 문제가 생겼던 일이 있었다. 친구를 이제 용서하고 미워하지 않으면 좋겠다고 하니 대뜸 "미워하는 사람이 있을 수도 있다고 생각해요. 별로 용서하고 싶지 않아요."라고 이야기했다. 그 아이는 한 사람쯤은 미워해도 괜찮다고 말했으나, 정말 미워하면서 살아도 괜찮을까? 그리고 과연 한 사람을 미워하는 것에 그칠 수 있을까? 미움은 아주 작은 씨앗 같아서 처음에는 작아 보이지만 그대로 놔두면 점점 자라게 된다. 결국 살인도 마음 속의 미움으로부터 시작되기 때문이다. 미움은 대부분 상대방이 내 기준에 못 미치거나 나에게 상처를 주었던 말과 행동을 용서하지 못해서 생긴다. 이 세상에 자신의 기준에 정확히 맞는 사람이 과연 존재할까? 자신과 맞지 않다고 그때마다 미워하게 된다면, 누구를 만나든지 미워할 상황과 조건이 되면 미워할 수밖에 없다. 미워하고 미워하다 결국 불행한 인생을 살게 된다. 그래서 용서도 남을 위해서가 아니라 자신이 미움에서 해방되어 행복한 삶을 살기 위해서 하는 것이다.

분노조절이 안 되는 영찬이는 친구들을 때리거나 놀리는 등의 행동으로 학기 초부터 친구들과 사이가 좋지 않았다. 그 후 영찬이는 담임교사와 여러 차례 상담을 통해, 학기 초보다 친구들을 더욱 이해하고 배려하기 위해 노력하는 모습을 보였고 영찬이의 변화가 매우 고무적으로 느껴졌다. 그러나 문제는 친구들이 여전히 영찬이에 대해 선입견을 가지고 냉정하게 대하며 함께 하려 하지 않는다는 것이었다. 영찬이 어머니와 상담을 하면서 영찬이가 친구들과 사이가 좋지 않아 며칠 후에 있을 수련회에 참가해야 할지 고민하고 있다는 이야기를 듣게 되었다. 학급 아이들에게 친구를 이해하고 용서하는 개념이 심겨 있지 않은 것을 느끼고, 이해, 용서에 대한 가치기준을 교육하기로 마음먹었다. 왜냐하면 지금 교육하지 않으면 영찬이가 수련회에 참여했을 때 따돌림을 당할 가능성이 많다고 여겨졌기 때문이다. 영찬이를 심부름 보낸 사이에, 어떻게든 아이들에게 이해하고 용서하는 가치기준을 심어주어야 한다는 절박한 심정으로 아래와 같이 지도하였다.

교　　사 : 얘들아, 요즘 영찬이와 어떻게 지내고 있니?

아이들 : 같이 안 놀아요. 짜증 나게 하니까요.

교　　사 : 그래? 그런데 선생님이 보기에 요즘에 영찬이는 많이 바뀐 것 같은데…. 전처럼 친구를 때리거나 방해하는 일이 이제는 거의 없잖아.

아이들 : ……

교　　사 : 얘들아, 영찬이가 예전에 너희들에게 잘못한 일들이 있었던 것은 맞아. 우리가 각자 잘 안되는 것이 있고 부족한 것이 있는 것처럼, 영찬이는 그 부분이 부족했던 거야. 하지만 요즘 영찬이는 친구들에게 전처럼 고집부리지 않고, 화내지 않으려고 노력하고 있어. 그리고 친구들을 더 배려하려고 노력하고 있지. 그건 우리가 칭찬해 줘야 할 일이야. 그렇지 않니?

아이들 : (말없이 고개를 끄덕임)

교　　사 : 영찬이가 반성하고 나름대로 노력하고 있는 것을 인정해주자. 이제는 영찬이가 그렇게 하지 않으니까 친구로 받아주자. 그런 마음을 이해라고 하는 거야. 앞으로 영찬이를 이해할 수 있겠니?

아이들 : 네.

교　　사 : 그리고 영찬이가 친구를 괴롭혔던 것에 대해 더 이상 원망하거나 미워하지 않는 넓은 마음을 용서라고 하는 거야. 우리 영찬이를 용서해주자.

아이들 : 네.

교　사 : (간절히 호소하는 마음으로) 선생님은 너희들이 친구의 부족한 점을 비난하기보다는 친구가 옳게 변화되기 위해 노력하는 부분에 대해서 격려해주고 힘을 실어주는 사람이 되었으면 좋겠어. 힘내라고 어깨도 두드려주고, 잘했다고 격려해주는 친구가 되어주면 얼마나 좋을까? 그렇게 할 수 있겠니?

아이들 : 네.

교　사 : 선생님은 너희들이 바다처럼 넓은 마음으로 이해하그 용서해주는 사람이 되었으면 좋겠어. 그러면 앞으로 사회생활을 할 때에 모든 사람에게 신뢰받아서 중심인물이 될 수 있단다. 어떻게 생각해?

아이들 : (고개를 끄덕임)

놀랍게도 아이들이 다음 쉬는 시간에 영찬이의 옆으로 다가가서 어깨동무하며 어깨를 두드려 주고 있었다. "영찬아, 너 요즘 잘하고 있어."라는 말도 같이 들려왔다. 영찬이와 아이들 모두 오랜만에 밝은 얼굴이 되었다. 그리고 영찬이는 그다음 주에 수련회에 가서 아이들과 더욱 친해져서 돌아왔다.

배려(配慮)는 상대를 편안하게 해주는 것이다. 겉으로만 편안하게 해주는 것뿐만 아니라 마음까지도 상대가 편안하길 바라며 돕는 것이다. 많은 선생님이 알다시피 학생들의 싸움은 항상 작은 것에서부터 시작이 된다. 놀리기, 함부로 말하기, 툭툭 치기 등 처음에는 재미로 시작해서 결국은 큰 싸움이 된다. 이렇게 함부로 말하고, 장난하는 행위 속에 사실은 상대방에 대한 무시가 담겨있다. 그래서 사소하다고 생각되는 학생들의 욕설과 놀림도 지도해야 한다. 그리고 상대방을 존중하고 배려하는 가치기준을 세워줘야 한다.

이렇게 이해와 용서와 배려는 사람이 함께 살아가고 화목을 이루는데 있어서 정말 중요한 가치기준이다. 이 가치기준을 배우게 되면 가정에서든 직장에서든 행복한 삶을 살아갈 수 있게 된다.

ADHD인 우성이는 주의력이 약해 복도를 걸을 때 친구들과 부딪히는 경우가 많았다. 심지어 혼자 넘어지는 경우에도 멀리 떨어져서 가만히 서 있던 친구들이 민 것이라며 화를 내어 친구들에게 신뢰를 잃고 있었다.

이런 사건들이 몇 년 동안 쌓여가다 보니 친구들도 우성이를 더 이상 이해하거나 용서하지 않았고, 관계는 점점 틀어졌다. 나는 우성이가 ADHD라는 이유로 언제까지 친구들에게 이해만 받는 것이 아니라 우성이도 친구들에게 노력하는 모습을 보여줘야 한다고 생각하고 지도하던 중에 또 사건이 벌어졌다.

교사 : 우성아, 왜 친구들과 언쟁이 있었어?

우성 : (억울한 듯 큰소리로) 제가 쓰레기통에 쓰레기를 버리려고 가는데, 지영이가 뭐라고 하잖아요!

교사 : 뭐라고 했는데?

우성 : 왜 통로로 안 가고 자기 앞으로 가냐고요.

교사 : 그래? (웃으며) 나도 궁금하다. 우성이는 넓은 통로로 안 가고 지영이 책상과 다른 친구 의자 사이인 그 좁은 곳으로 지나갔어?

우성 : 통로로 가는 것보다 더 가깝단 말이에요. 통로로 가면 돌아가야 해요.

교사 : 우성아~ 가까운 길로 가고 싶은 네 마음은 충분히 이해된단다. 하지만 선생님과 전혀 다른 것을 선택하는구나.

우성 : 네?

교사 : 우성이는 친구들에게 편안함을 주는 사람이 되고 싶어? 아니면 친구들에게 불편함을 주는 사람이 되고 싶어?

우성 : 편안함이요.

교사 : 그럼, 지영이 책상 앞과 혜진이 의자 뒤로 지나가면, 이 둘이 편안할 것 같아? 불편할 것 같아?

우성 : 불편할 것 같아요. 그래도 돌아가면 시간이 걸린단 말이에요.

교사 : 나는 내가 시간이 좀 걸리더라도 친구가 불편해하지 않으면 내 마음이 좋던데, 우성이는 어때?

우성 : 음….

교사 : 우성이는 어떤 사람이 되어야겠어? 편안함을 주는 친구가 되고 싶어? 아니면 불편함을 주는 친구가 되고 싶어?

우성 : 편안함이요.

교사 : 그래~ 우성이가 편안함을 주는 친구가 되면 친구들이 우성이를 좋아할까? 싫어할까?

우성 : 좋아할 것 같아요.

4. 사랑

사랑이라는 개념은 무척 넓고 다양해서 정의하기가 쉽지 않다. 그럼에도 불구하고 저자는 **사랑이란 돕고 위하는 것으로 정의한다.**

사랑에는 부모와 자식 간의 사랑도 있고, 남녀의 사랑, 친구 간의 사랑, 교사와 제자의 사랑 등 사람과 상황에 따라 나타나는 형태는 다르지만, 사랑은 결국 상대방을 돕고 위하는 마음이다. 누군가를 돕고 위하는 것은 물질적으로 돕는 방법도 있고, 상대방이 성장하고 발전할 수 있도록 생각을 도와주는 방법도 있다. 생각을 높여준다는 것은 의식을 높여준다는 것인데, 예를 들면 거짓말하던 아이를 정직하게, 미워하던 아이가 사랑하는 아이로 변할 수 있도록 돕는 것을 말한다.

　옛말에 흐르는 물도 떠주어야 공덕이라는 말이 있듯이, 사랑은 실천적인 노력이 없으면 이룰 수 없다. 즉 물질로 돕든지, 시간이나 마음을 쓰든지, 행동으로 실천한 것만이 사랑이라고 할 수 있다. 그래서 사랑은 앞에서 이야기한 성실함, 부지런함, 정직함이 체질화되어야 실천할 수 있다.

　그런데 사랑이라고 하면 어렵게 느껴지지는 않는가? 그래서 어떤 사람들은 "굳이 남까지 사랑해야 하나? 피해만 안 주고 살면 되지, 사랑까지 할 필요 있을까? 내 가족만 사랑하면 되지. 왜 그렇게 피곤하게 살아."라고 말하기도 한다. 충분히 이해되는 이야기가 아닌가?

　라디오에서 들은 이야기이다. 마흔이 훌쩍 넘도록 결혼을 못 한 남자가 있었다. 이유는 이 남자가 두루두루 남을 잘 챙기고 도우며 사람도 좋은데, 막상 사귀는 여성들이 자기만 사랑해 주기 바라는데 굳이 남들까지 잘 챙겨주는 것이 싫다고 떠나가곤 했다는 것이다. 그 사연을 들은 사회자와 나이가 지긋한 시청자들이 '세상을 살아보니 자기만 사랑해 준다고 생각했던 남자는 결혼해 보면 그렇지 않더라. 연애할 때만 그랬던 거더라. 연애할 때는 내가 앉을 자리에 손수건 펴주더니, 결혼하고 나더니 자기 엉덩이 밑에만 깔더라. 결국 두루두루 사랑할 수 있는 사람이 아내도, 시댁도, 친정도 모두 잘 챙기는 사람이더라. 그런 사람이 진국이고, 좋은 사람이다.'라는 충고를 해 주었다.

두루두루 사랑할 수 있는 사람이야말로 사랑을 할 줄 아는 사람이다. 사랑은 훈련이다. 주변 사람들을 사랑하는 훈련이야말로 결혼 후 내 가족을 진심으로 사랑할 수 있게 만드는 과정이 아닐까? 성실의 개념에서 일만 시간의 법칙을 이야기했듯이, 사랑도 마음을 일으켜 하나하나 훈련하지 않으면 저절로 생겨나는 것이 아니다. 누구든지 지금 내 옆에 있는 사람을 사랑하는 훈련을 해서 사랑하는 사람으로 변화되어야 행복한 가정도 이룰 수 있다.

그런데 사랑이라고 생각했지만, 사실은 사랑이 아닌 것들이 있다. 예를 들어, 자녀나 학생을 위한다는 미명하에 부모나 교사가 강요하는 수많은 것들, 그리고 부부나 연인 간에 상대방에게 기대하고 구속하려는 집착이 바로 그것이다. 왜냐하면 사랑이란 상대방이 진정으로 행복하도록 돕고 위하는 것인데, 자신의 만족을 위해 일방적으로 강요하고 구속했기 때문이다. 그래서 우리는 사랑을 상대방이 진정으로 행복하도록 돕고 위하는 것이라고 정의한 것이다. 다음은 사랑의 훈련으로 전후가 확연히 달라진 한 학생의 사례이다.

온유는 자기 일만 잘하는 다소 개인주의적인 성향을 지닌 반장이었다.

사랑의 가치기준을 지도한 후, 온유는 친구들의 청소를 돕는 일부터 실천하기 시작했다. 그러면서 놀라운 변화가 온유에게 일어났다. 처음에 본 온유의 인상은 눈도 잘 마주치지 않고 밑에만 보면서 어둡고 우울한 인상이었는데, 이렇게 친구들을 돕고 위하기 시작하면서 점점 달라지기 시작했다. 돕고 위하면서 스스로 기뻐지기 시작했고, 친구들도 그렇게 돕는 온유를 좋아하면서 온유 스스로 행복해지고 밝아지게 된 것이다. 그러면서 온유가 친구들에게 건네는 말 한마디, 대화 한 마디마다 친구들을 사랑하는 마음이 느껴졌고, 심지어 친구를 부르는 말에서도 얼마나 온유가 친구들을 사랑하는지 마음이 느껴지면서 저절로 아이들 가운데 중심인물이 된 것이다. 친구들은 온유를 선행상이나 리더십 상 같은 것에 추천했고, 온유 역시 친구들을 돕는 것을 더욱 즐거워하는 아이가 되었다.

미움을 키우면 자꾸 미워하는 사람이 되어 괴로운 인생이 되지만, 온유처럼 사랑을 훈련하면 자신은 물론 주변 사람들까지도 행복해진다. 사랑은 나와 남을 동시에 아름답게 변화시킬 수 있는 최고의 가치기준인 것이다.

5. 긍정과 적극

긍정이란 할 수 있다(I can do it!)**는 생각과 마음자세이다.** 부정적인 상황이나 사건조차도 극복할 수 있다고 생각하는 태도를 말한다.

그래서 긍정적인 학생은 작은 장애에 좌절하거나 포기하지 않고, 그 일을 꾸준히 밀고 나가서 좋은 결과를 내게 된다. 예를 들어 실험실에서 실험의 결과가 잘 나오지 않았을 때, '나는 안 되나 봐.' 하고 좌절하는 것이 아니라 '이렇게 하면 안 되는구나. 다른 방법을 찾아보자!' 라고 생각하고 끊임없이 도전하게 되니 결국 성공을 하는 것이다.

그렇다면 수많은 문제 상황에서 부정적으로 반응했던 경험을 한번 떠올려 보자. 안되는 이유와 어려운 상황과 조건을 생각하면서 걱정만 하고 있기 때문에 괴로워하며 스트레스를 받게 되는…

긍정적이어야만 조건과 환경이 열악해도 새로운 방법을 찾고 창조적으로 해결해 나갈 수 있다. 학생들뿐만 아니라 교사 역시 긍정적인 마인드가 있어야 아이들을 긍정적으로 교육할 수가 있다. 교사나 부모가 학생과 자녀의 단점은 줄줄 나열하기만 하지 옳은 선택을 할 수 있도록 제시해주지 못하는 경우도 많다. 그리고 장점을 이야기해 달라고 했을 때 대답을 잘 못하는 경우도 있다. 장점이 잘 보이지 않는 것은 부정적인 시각 때문이다. 그래서 부모와 교사가 먼저 긍정적인 마인드를 갖출 때, 아이들을 긍정적으로 지도할 수 있다.

민우는 4학년 남자아이인데, 자신의 잘못이 드러날 때마다 우는 버릇이 있다. 고쳐야 할 점이 부각되면 부정적인 반응을 보였다. 하루는 또 여자아이들과 다투고 있어서 불렀는데, 벌써부터 울기 시작했다.

 교사 : 그런데 왜 이렇게 항상 우는 거야?
 민우 : 음. 왠지 혼날 것 같아서요.

 민우는 항상 선생님이나 친구들의 작은 지적에도 눈물을 쏟고는 하였는데, 부정적인 생각 때문에 잘못을 고치는 데 초점이 맞춰지지 않고 늘 두렵고 슬퍼만 하고 있었던 것이다. 그래서 민우가 잘못을 아는 것이 자기 자신을 발전시키는 좋은 계기라는 것을 긍정적으로 정리할 수 있도록 대화를 하였다.

 교사 : 민우야, 그럼 이렇게 생각해 보면 어떨까? 혼난다는 생각보다는, 잘못을 듣고 고치게 되면 누가 좋을까?
 민우 : 저요.
 교사 : 잘못을 고치게 되면 이제 그 일로 혼이 날까?
 민우 : 아니요.
 교사 : 이제 같은 잘못을 하지 않고 더 이상 혼나지 않고 칭찬받게 될 텐데, 너에게 좋은 일일까, 나쁜 일일까?
 민우 : 아... 좋은 일이요.
 교사 : 그래 이렇게 너의 발전을 위해 잘못한 것은 고치면 되는 거야. 이렇

게 생각하는 것이 긍정적인 거란다. 어때? 아직도 눈물이 나니?

민우 : 아니요.

민우는 눈물이 쏙 들어갔고, 이미 마음이 밝아져 있었다.

한 사건을 두고 그것을 받아들이는 것은 한 생각 차이이다. 긍정으로 받아들일 수도 있고, 부정으로 받아들일 수도 있는데, 선택의 결과는 인생에 있어서 너무나 큰 차이를 가지고 온다.

적극이란 하고자 하는 의지(I will do it!)와 **실천력이다.** 또한 능동적으로 새로운 시도를 해보는 태도이다. 그래서 적극적인 사람은 어려움에 부딪쳤을 때 극복해 나가는 방법을 찾아나가는데 자신의 삶의 문제를 해결해 나가는 과정에서 창의성이 발휘되고 리더가 된다.

한편, 우리나라는 유교적인 특성이 있어서 적극적인 학생들을 나댄다고 생각하는 경향이 있다. 사실 적극적인 학생들이 자기주장이 강하고 에너지가 넘치는데, 이런 특성을 교사가 부정적으로 보지 않고, 에너지의 방향을 잘 조정해줘야 한다. 즉, 에너지가 넘치는 학생에게는 자신의 에너지를 학업이나 적성 분야에 쏟을 수 있도록 도와주면서 화목의 길로 집중하도록 방향을 잡아주고, 소극적인 학생에게는 하고자 하는 의지를 갖도록 도와주어야 한다. 의지로부터 에너지가 나오기 때문이다. 이것은 교사의 지도와 훈련으로 가능하며, 교사가 적극성을 내야 하는 일이다.

3학년인 새은이는 똑똑하고 적극적인 여자아이였다. 하루는 새은이 어머니와 상담을 하는 중에 걱정을 털어놓으셨다.

어머니 : 선생님, 새은이가 어제 놀이터에서 친구들과 놀다가 장애우인 인정이를 친구들이 따돌리는 것을 보고, 아이들에게 '인정이랑 잘 놀아야지, 왜 따돌리니? 다같이 잘 놀자.'라고 말했대요. 그랬더니 따돌리던 아이들이 '그러면 너나 잘 놀아라!' 하고는 새은이랑 인정이만 두고 가버려서 새은이가 펑펑 울면서 들어왔어요. 우리 새은이가 오지랖이 넓어서 걱정이에요. 그럴 땐 가만히 있어야 하는데, 괜히 나서서 미움이나 받고요.

어머니는 이미 아이가 따돌림을 당할까 하는 염려로 소극적인 자세가 되어 있었다.

교 사 : 어머니, 새은이는 정말 옳은 일을 한 거예요. 그 아이들이 친구를 따돌리는 것은 옳지 않은 일인데, 새은이가 정말 잘 말했어요. 새은이 같이 선하고 옳은 생각을 가진 아이들이 리더가 되는 기질을 타고 났다고 생각해요. 어머니, 새은이 칭찬 많이 해주시고, 네가

옳다고 옳은 일을 한 거라고 힘을 많이 실어 주셔야 합니다."

어머니 : 아, 그런가요? 그런데 그 따돌리는 아이들이 좀 기가 센 아이들이라서 앞으로 우리 새은이를 괴롭힐까 봐 걱정돼요.

교　사 : 어머니 새은이가 그 아이들을 적극적으로 사랑하면 되는데요. 원래 그 아이들과 잘 지내던 사이였고, 새은이를 바른 아이라고 알고 있기 때문에 함부로 대하지는 못 할 거예요. 새은이가 그 아이들을 더 잘 도와주고 사랑해서 그런 행동들까지도 고칠 수 있도록 적극적으로 분위기를 바꿔 가는 방법을 알려주면 됩니다."

　그날 이후로 새은이 어머니는 새은이에게 힘을 주었고, 다음날 나는 반 전체 아이들에게 새은이의 옳은 생각과 행동에 대해 칭찬을 많이 해주었다. 따로 새은이에게는 그 아이들을 사랑하면서 이야기 해 준다면 너를 싫어하지 않고 네가 바라는 옳은 친구들로 바뀌어갈 거라고 이야기해 주니 새은이의 눈은 반짝였고, 표정과 마음은 한결 편안해졌다.

　그 후 새은이는 옳은 생각대로 행동하려는 마음이 꺾이지 않고 더욱 적극적으로 친구들을 도왔고, 친구들의 싸움도 화해하도록 중재하는 것을 좋아하였다. 새은이는 그렇게 적극적인 마인드로 2학기에는 대다수 친구의 표를 얻어서 부회장이 되는 좋은 일도 생겼다.

　새은이 어머니는 새은이가 오지랖이 넓다고 걱정하셨다. 그러나 새은이는 적극적이면서 긍정적인 학생이기 때문에 옳은 생각을 지지해 줌으로써 자신뿐만 아니라 학급 분위기까지도 변화시킬 수가 있었다. 놀이터 일을 통해서 새은이가 만약 자신은 옳은 행동이라고 생각했던 것이 부모나 교사에게 부정적 평가를 받았다면 소극적인 아이로 바뀌어 갔을지도 모를 일이다. 생각만 해도 안타까운 일이다. 그래서 교사는 적극적인 아이들은 더욱 옳은 방향으로 이끌어주고, 소극적인 아이들은 적극적인 마인드로 당당하게 생활하도록 교육하여야 한다.

가치기준 세우기의 유의할 점

가치기준 세우기를 교실 현장에서 적용하기 위해 교사가 반드시 유의하여야 할 사항을 제시하고자 한다. 이 내용은 시행착오를 통해 도출된 사항으로 유념하여 시행한다면 큰 도움이 될 것으로 생각된다.

1. 교사부터 가치기준을 정립하라

혹시 "아유, 정직한 것이 옳은 것인 줄 모르는 사람 어디 있어요" 하며 너무 당연한 이야기를 하고 있다고 생각되지는 않는가? 사실

저자도 그런 생각을 했었던 경험이 있다. 그러나 머리로 이해가 된다고 해서 그것을 본인이 정말 안다고 착각해서는 안 된다는 점을 강조하고 싶다. 위에서 열거한 가치기준들이 너무나 쉽고 당연한 것으로 보여도 삶 속에서 실천하는 것은 전혀 다른 문제이기 때문이다. 머리로 이해하는 개념과 실천하여 생활 속에서 얻은 개념은 차원이 다르다. 실행해 봐야 그 가치의 의미를 제대로 알 수 있다. 다음의 사례는 교사가 가치기준이 정립되지 않았을 때 일어날 수 있는 사례를 소개하고자 한다.

학생들을 교육하는데 열과 성의를 다하는 선생님이 있었다. 항상 어떻게 하면 학생들이 즐거워할까 고민하고 방법을 찾아가는 선생님이었다. 그러던 어느 날 그날도 학생들이 운동할 때 즐겁게 할 수 있도록 음악을 준비하고 학생 중 한 명을 시켜 OK 멘트를 녹음하게 한 후 음악 사이에 집어넣었다. 그러고는 학생들의 흥미를 높이기 위해 이 멘트의 주인공이 누구인지 맞히기 게임을 하여 맞추는 사람에게 쿠폰을 주기로 했던 것이다. 그 후 하루는 그 선생님이 이런 이야기를 했다.

"아이들이 쿠폰에 관심이 많은 것 같아요. 자꾸 찾아와서 '누구 아니냐?' 묻더라고요. 그런데 재미있는 것은 실제 주인공도 자기 음성을 모른다는 거예요. 하하하. 그래서 제가 그 아이에게 알려주면서 다른 아이들에게는 다른 사람이 주인공이라고 뻥치라고 얘기해주었어요. 재미있게 하려고요. 하하하"

교사는 재미있게 하려는 생각에 본인이 학생에게 거짓말을 시키고 있다는 것을 인식하지 못하고 있었다. 아니 거짓말을 학생에게 시켰다고 말하면 발끈할 수도 있을 것이다. 문제는 장난으로는 그 정도 거짓말을 할 수 있다고 생각하는 그 생각이다. 교사가 이런 가치기준을 가지고 있다면 재미로 거짓말하는 학생들을 제대로 지도할 수 있을까? 그것이 잘못되었다는 것조차 인식하지 못할 것이고, 바른 지도를 기대하기는 어려울 것이다.

그러므로 교사가 명확하게 가치기준을 정립하는 것이 너무도 중요하다. 그래야만 학생들을 명확하게 지도할 수 있게 된다. 교사는 본인이 경험한 만큼만 알고 지도할 수 있기 때문이다.

2. 일방적 지도 훈계 NO! 질문으로 일깨우기 YES!

인성교육을 위해서는 교사의 일방적인 훈계식 지도로는 어렵다. 질문을 통해서 학생 스스로가 인식하게 하고, 스스로 가치를 평가하고 선택하며 실행하게 해야 한다. 왜냐하면 일방적 훈계식 지도는 학생의 적극성을 심각하게 저해시키고, 수동적으로 만들기 때문에 자신에게 깊이 있게 적용하지 못하게 되어 인식 자체가 어렵기 때문이다. 인식이 안 되면 인성교육은 첫발도 떼지 못한 것과 같다.

반면에 질문을 통해 하나하나 징검다리를 잘 놓아주면 학생은 선생님이 놓아준 징검다리를 하나하나 건너면서 올바른 가치기준을 스스로 세울 수 있게 된다. 스스로 세운 가치기준은 학생 안에 확고히 내면화되어 무엇인가를 선택해야 할 상황에서 자연스럽게 적용이 된다.

교사는 항상 학생을 지도한 후에 어떻게 대화했으면 더 효과적이었을까를 돌아봐야 한다. 어떻게 질문했으면 더 명확하게 인식시킬 수 있었을까 생각해보고, 지속적인 수정·보완을 해나갈 때 진짜 인성교육의 전문가가 될 수 있다.

3. 되질문은 말꼬리 잡기가 아니다!

가치기준 세우기 과정은 그냥 기법적으로만 적용하게 되면 부작용이 생기게 된다.

먼저, 가치기준 세우기의 과정을 여러 단계로 나누어 설명했는데, 너무 단계에 집착하여 학생을 진정으로 돕고 위한다는 본질에서 벗어나는 우를 범해서는 안 된다. 각 단계는 상황과 대화의 전개에 따라 동시에 진행될 수도 있는 것이다. 예를 들어, 상황 파악을 위해 교사가 질문하는 과정에서 학생은 이미 자신의 가치기준을 인식할 수도 있기 때문이다. 그래서 단계에 집중하기보다는, 학생의 마음 상태를 정확히 이해하려 노력해야 한다.

그리고 되질문하기 과정을 단지 학생의 말에 되질문하는 것으로 이해하고 그에 집중하는 과오를 경계해야 한다. 되질문을 잘 못하면 학생은 선생님이 자신의 말에 말꼬리 잡는 것 같은 느낌을 받게 되어 전혀 효과도 없고, 도리어 감정만 상할 수 있다. 학생이 모르고 있는 것, 인식하지 못하고 있는 그것을 인식시키기 위한 목적으로 되질문을 활용하기 바란다. 즉, '선생님이 또 질문해 들어온다'라는 식의 느낌이 들게 해서는 안 된다는 것이다. 그렇게 되지 않으려면 정말 사랑을 듬뿍 담아서 질문해야 하고, 질문 형태도 다양하게 연구하는 것이 필요하다.

4. 가정과 연계하여 가치기준을 지도하라!

교사가 학생들에게 가치기준을 지도할 때 유의할 점은 가정과 연계되지 않으면 학생들이 혼란에 빠질 수 있다는 점이다.

한번은 교사가 학생들에게 어떤 문제가 벌어졌을 때, "내가 부족한 것은 없었는지 돌아볼 필요가 있다"라고 말 한 적이 있었다. 어느 날 평소 공부도 잘하고, 성품도 좋은 은택이가 어떤 일에 대해 자신의 부족한 점을 돌아보고 있는 모습을 어머니가 보시고, 교사에게 찾아왔다. 은택이 어머니는 "우리 애가 자꾸 내가 부족한 점이 무엇이었는지 생각하고 있어요. 아이가 그렇게 생각하는 모습을 보니 속상해요. 그래서 너는 잘못 없다고 그렇게 생각하지 말라고 이야기해줬어요."라고 말씀하셨다. 교사는 학생이 어떤 상황에서든 '본인의 부족을 찾아서 개선하면, 개선한 사람이 발전하게 된다.'는 옳은 또는 긍정적인 가치기준을 가지고 생각해 볼 수 있도록 지도한 것이었는데, 가정과 연계되지 않아서 벌어진 일이었다. 그 사이에서 아이는 어떻게 해야 할지 몰라 매우 혼란스러웠을 것이다.

반면, ADHD인 대한이는 교사가 학교에서 가치기준을 지도하고서, 가정에서도 연계하여 지도되었던 경우인데, 과잉행동과 주의 산만함이 많이 개선되었다. 이미 사전에 교사가 가치기준을 세워주는 인성교육을 하고 있음을 학부모들과 공유한 것이 매우 좋은 결과를 가져왔다. 따라서 교사가 학부모와 연계하여 지도하기 위해 꾸준히 방법을 찾고, 적용하는 노력이 꼭 필요하다.

가치기준을 세워줄 때의 기대효과

1. 학생들의 자기 주도적인 문제해결력이 향상된다

가치기준을 바로 세워주게 되면 학생들이 무엇이 옳고 그른 것인지, 어떤 선택이 자신에게 이로운 것인지 알게 되기 때문에 자기 주도적으로 자신의 문제를 해결해가는 사람이 된다. 그래서 게임중독과 같은 유해환경을 스스로 절제할 수 있게 되어 '해라, 하지 말아라.'라는 말이 필요 없어진다.

　게임을 많이 하는 것이 어머니와 갈등하게 되는 원인인 줄은 모르고, 게임을 하지 말라고 하는 어머니에게만 화를 내는 6학년 학생이 있었다. 이 학생은 자신이 문제의 원인을 제공하고 있었으나 그것을 모르고, 지적하는 어머니만 탓을 하고 있었다. 그래서 게임에 지나치게 몰입하고 많은 시간을 허비하고 있는 자신이 곧 불화의 원인임을 직면하게 해주는 대화를 하였다.

교사 : 영민이는 하루에 게임을 얼마나 하는데?

영민 : 예전에는 1~2시간씩 하다가 한동안 안 했어요. 그러다가 요즘 다시 하는데 1주일에 2~3번 해요. 한번 할 때는 3시간 정도씩 해요.

교사 : 그럼, 게임을 하는 날에는 방과 후에 학원 다녀와서 게임하고 나면 하루가 다 가겠네?

영민 : 뭐, 그렇죠. (강하게 항의하듯) 근데 제 나이에 그 정도면 게임 시간 짧은 거예요!

교사 : (웃으면서) 그래? 영민이는 어머니께서 게임을 하지 말라고 하면 기분 나쁘니?

영민 : (억울하다는 표정으로) 네, 하기 싫으면 줄일 텐데…. 언젠가는 끊을 텐데…. 그런 말 안 했으면 좋겠어요!

교사 : 영민이는 어머니께서 왜 게임을 하지 말라고 하시는지 생각해

봤니?

영민 : (마음 없이 건성으로) 저를 위해서지요. 눈도 나빠지고…. 공부도 안 하게 되고….

교사 : 그래, 잘 아네. 그런데도 영민이가 게임을 계속한다면 어머니가 어떠시겠어?

영민 : 뭐라고 하시겠지요.

교사 : 그렇게 되면 영민이네 집은 어떻게 될까? 화목할까, 화목하지 않게 될까?

영민 : (놀란 듯이 눈을 크게 뜨더니 잠시 생각하다가 힘없이) 화목하지 않겠지요.

교사 : 그래. 그럼, 영민이네 가정이 화목해지려면 어떻게 해야 될까?

영민 : (한동안 생각하더니) 제가 게임을 하는 것을 줄여야 해요. 음….

갑자기 목소리가 커지면서 좀 전까지 우울해하던 아이가 힘 있게 확신 있는 목소리로 말을 했다.

영민 : 저 참을 수 있어요! 참는 것 해봤어요. 애들이 절 놀리는 것 참았고요. 손가락 물어뜯는 것도 참았어요. 그래서 이제는 안 뜯거든요. 지금 돌아보니깐, 게임 줄이는 것도 할 수 있을 것 같아요.

그리고 영민이는 일주일에 30분만 게임을 하겠다고 스스로 다짐하였다. 일주일 후 보건실에 온 영민이는 약속대로 30분만 했다고 하면서 기뻐했다. 엄마에게도 꾸중을 듣지 않게 되니 사이도 좋아졌다고 했다.

위의 대화가 다소 평범하게 느껴질 수 있지만, 학생에게 '화목할까 화목하지 않게 될까'라고 질문하는 것만으로도 가치기준을 세워주는 효과가 있다. 그리고 학생 스스로 어떻게 실천할까를 생각하게 만들고, 교사가 이것을 도와주면 된다.

한편, 학생들의 가치기준이 바르게 서게 되면 자신의 환경을 탓하거나, 문제를 회피하지 않고 해결해 가게 된다. 가치기준대로 자신이 무엇을 실천해야 하는지를 잘 알게 되므로 개인적인 변화도 시작되는 것을 볼 수 있다.

3학년 남학생인 진규는 공부가 어렵고 하기 싫어서 공부 자체를 회피하는 성향을 보였다. 공부를 왜 해야 하는지 모르는 많은 학생이 진규와 같은 모습을 보인다. 그래서 시험을 보면 성적은 50점대에 머무르곤 하였다. 진규는 그로 인해 친구들 사이에서 스스로 주눅이 들고, 자신감이 없는 학생으로 점점 변해갔다. 그러나 가치기준을 세워주는 대화를 통해 공부하는 것이 누구에게 좋은지, 어떻게 좋은지 스스로 생각해 보고 정리하게 되었다. 진규는 성실하게 살아야겠다는 가치기준이 내면화되면서부터 서서히 달라지기 시작했다. 안 하던 공부를 하려다 보니, 오래 앉아 있는 것이 힘들고, 쓰지 않던 머리를 쓰면서 문제가 잘 풀리지 않을 때는 울기도 많이 하였다. 그러나 가치기준이 스스로 세워지고 나서 가장 큰 변화는 그런 힘든 상황을 피하지 않고 정면 돌파하면서 해결해 나가는 것이었다. 과제를 끝낼 때까지 자리에서 일어나지 않았고, 이러한 노력의 결과는 성취도에서 나타났다. 3학년 때 50점을 받던 아이가 4학년에는 96점, 5학년에는 99점으로 성적이 수직으로 상승하였다. 드러난 수치로 보아도 놀라운 결과이며 깊이 내면화된 성실과 적극, 긍정의 가치기준이 학생을 이렇게 변하게 하는 것이다.

2. 교사의 생활지도 역량이 확대된다

아이들의 싸움을 들여다보면 작은 싸움이든, 큰 싸움이든 대부분 처음에는 말다툼에서부터 시작한다. 이것을 사소하거나 별문제 아니라고 여겨 지나치거나 해결을 돕지 않으면 많은 문제가 일어나게 된다. 한 신규 선생님이 학교폭력으로 고단했던 1년을 보내고 나서 돌아보았던 이야기가 떠오른다.

"아이들은 1학기에 저와 참 잘 지냈어요. 저도 아이들이 좋았고요. 그런데 늘 이상한 느낌이 있었어요. 서로 존중하지 않고, 무시하고, 놀리면서 다툼이 잦은 느낌. 뭔가 아이들 사이에서 안 좋은 일이 일어나는 분위기요. 그것이 뭔지 잘 모르겠고 또 크게 문제가 일어나지 않아서 그냥 넘어갔는데 그것이 2학기에 학교폭력이 일어나기 전조 증상이었던 것 같아요. 제가 그때 지도하지 못한 것이 정말 후회돼요."

교사나 학생, 학부모들 누구도 학교폭력이라는 불행한 사태가 일어나기를 바라는 사람은 없다. 위 사례의 선생님은 본인의 가치기준이 명확하게 정립되지 않아서 무엇인가 불안한 징후를 느끼기는 했으나, 그 상황에서 문제점을 분별하지 못하고 그냥 지나쳤던 것이다.

한편, 다른 신규 교사의 사례를 살펴보자.

이 신규 선생님의 경우, 자신의 가치기준을 세워야 하는 것을 모른 채 맡은 4학년 학생들에게 마구 휘둘리며 1년 내내 눈물을 흘리고 괴로워했다. 그러던 중 저자와 인연이 되어 가치기준을 세워주는 지도법을 배우게 되었고, 다음 해 맡은 3학년 학생들에게는 처음부터 부지런, 정직, 성실 등의 가치기준을 교육하면서 많은 문제가 예방되었다. 그 이후 신규 선생님은 처음으로 "선생님, 아이들이 참 예뻐요!"라고 변화된 기쁨을 고백하였다. 가치기준을 바로 세워주는 것이 얼마나 중요한지 깨닫게 된 것이다.

이렇듯 자신의 가치기준을 바르게 세우면, 세밀한 것부터 문제의식을 가지게 되고, 문제의 초기 단계에서 해결점을 찾게 된다.

3. 가정의 변화까지 연결된다

내면화된 가치기준은 학생의 마음가짐과 생활 태도를 변화시킨다. 이러한 결과는 가정의 분위기에도 영향을 미친다. 학생이 옳은 가치기준으로 생활하게 되면서 부모도 자녀를 통해 자신을 돌아보게 되기 때문이다.

5학년 수로는 화도 잘 내고 말을 매우 불쾌하게 하며, 불만과 짜증이 가득한 아이였다. 심지어 선생님에게조차 대들어서 교권 침해 위원회에 회부가 검토될 정도로 문제가 큰 아이였다. 그리고 가정에서도 심부름시키면 싫다고 불평하거나 불손하게 행동해 늘 부모님의 마음을 상하게 했다. 이러한 수로에게 교사가 꾸준한 대화를 통해 가치기준을 세워주며 지도하던 중, 부모님과 상담하게 되었다. 기특하게도 수로는 가정에서도 많이 달라져 있었다. 부모님이 시키는 심부름을 선뜻 가겠다고 하여 평소와는 다른 모습에 부모님도 놀랐다고 하였다. 그리고 웃으면서 집안일을 돕는 수로를 보며 어머니의 기분이 좋아진 것도 있지만, 그동안의 어머니 자신의 삶까지 돌아보게 되었다고 하였다. 아이를 키우면서 아이의 옳지 않은 반응에 어머니 역시 부정적인 반응을 하여 신경질적인 성격으로 변해가고 있었다고 한다. 그러다가 아이의 긍정적인 변화로 자신의 반응 역시 긍정적으로 변하면서 가정의 분위기가 좋아졌다는 것이다. 그뿐만 아니라 화를 내면서 부부싸움을 하는 부모님에게 웃으면서 "굳이 그렇게 말씀하시지 않으셔도 되잖아요."라며 다툼을 중재하기까지 한 것이다. 수로의 말에 부모님은 당혹감과 부끄러움을 느끼기도 했지만, 수로의 변화에 기뻐하였다.

자녀의 변화로 인하여 가정 전체에 화목이 이루어진 것이다. 이렇듯 내면화된 가치기준은 개인뿐만 아니라 주변까지도 변화시킬 수 있는 강력한 영향력이 있다.

알고 있는 것을 어떻게 실천하게 할 것인가?
행동을 습관화하기 위한 전략은 무엇인가?
가치기준 굳히기 과정에서 유의할 점은 무엇인가?

Process 4. 가치기준 굳히기

 인성교육은 결국 실질적인 생활의 변화를 위한 교육이기 때문에 무엇이 문제인지 인식하고, 그것을 개선하기 위해 올바른 가치기준을 반복 실천하여 완전히 습관화되는 단계까지 이르러야 한다. 문제를 알고 가치기준이 세워져도 그것이 생활에 적용이 되지 않으면 하나의 지식에 불과할 뿐이다. 그런 의미에서 인성교육의 마지막 단계는 가치기준을 굳히는 과정이다.

생활의 변화는 습관화로부터

가치기준 굳히기란 인류 보편적인 가치를 생활 속에서 행동으로 실천하고 그 실천이 거듭되면서 완전히 습관화된 상태를 이르는 말이다.

늘 지각하는 지민(6학년, 남)이를 지도하던 중 지각의 원인이 바로 아침에 늦게 일어나는 것이었고, 아침에 늦게 일어나는 이유는 전날 늦게까지 TV를 시청하기 때문인 것을 알게 되었다.

교사 : 지민아, 자꾸 지각하는 것에 대해 어떻게 생각하니?

지민 : 네, 지각하면 안 된다고 생각해요.

교사 : 그래? 왜 그렇게 생각하는데?

지민 : 지각하면 창피하잖아요. 선생님께도 꾸중 듣고요.

교사 : 그래, 지각하는 것은 게으른 거잖아? 게으르면 성공하기가 어려워진단다. 그럼, 지민이가 지각하지 않으려면 어떻게 해야 할 것 같아?

지민 : 저녁에 TV를 늦게까지 보지 않고 일찍 자야겠어요.

교사 : 그래, 지민이의 문제는 저녁에 TV를 늦게까지 봐서 아침에 늦게 일어나는 것이었으니까. 지민이 말대로 그렇게 하면 될 것 같다. 한번 해보는 거야.

지민 : 네. 선생님

다음날, 지민이는 약속대로 늦지 않고 등교하였다. 지민이를 불러 어떻게 늦지 않게 되었는지 물어보았더니 전날 일찍 잤다고 했다. 그 이야기를 듣고 잘하였다고 칭찬하면서 계속 그렇게 하기로 약속하였다. 그런데, 나흘째 되는 날 또 지각했다. 지민이를 불러서 왜 지각했는지 물어보니, 전날에 정말 보고 싶은 TV 프로그램이 있어 그것을 보다가 늦게 잤다고 하였다.

교사 : 그래, 그런데 지각을 하니 기분이 어떠니?
지민 : 창피하고 기분 나빠요. (시무룩하며) 전 지각하는 습관을 못 고치려나 봐요.
교사 : 아니야, 지민아, 지민이 사흘 동안은 일찍 왔었잖아? 다시 하면 되지.
지민 : 그럴까요?
교사 : 그럼, 자 선생님과 방법을 다시 찾아보자. 그렇게 보고 싶은 TV는 봐야겠고, 학교는 늦지 않아야 하니 어떻게 하면 좋을까?
지민 : 저녁에 TV 녹화를 해 놓고 자면 될 것 같아요. 나중에 보고요..
교사 : 그렇게 할 수 있겠니?
지민 : 네. 해볼게요.

다음 날 지민이는 약속대로 일찍 등교하였다. 지민이에게 '지각하지 않으니 어때?'라고 물으니 좋다며 엄지손가락을 내보였다. 나도 잘했다고 칭찬해주었다. 그렇게 지민이의 지각을 고치기 위한 노력은 계속되었고 지민이는 지각하지 않았다. 일주일 뒤에 지민이를 불러 대화를 잠깐 했다.

교사 : 요즘 지각을 하지 않아서 정말 보기 좋구나. 지각하지 않으니 어떤 점이 좋았니?

지민 : 제일 먼저는요, (웃으면서) 선생님께 혼날까 봐 가슴 조마조마 안 해서 좋아요. 그리고 친구들에게도 창피하지 않고요. 그렇게 하루가 시작되니 학교생활도 재미있고 신이 나는 것 같아요.

교사 : 그렇지. 부지런하면 당당해지고 자신감이 생기지. 와~ 지민이가 중요한 것들을 깨닫고 있었구나.

지민 : 네. 전 앞으로도 지각하지 않으려고 노력할 거예요.

교사 : 그래, 그래야지. 잘 생각한 거야. 지민아, 파이팅!

지민이는 그 후 3개월째 지각하지 않았다.

교사 : 지민아, 요즘 지민이가 지각을 계속 안 하네? 어떻게 그렇게 된 거니?

지민 : (웃으면서) 이제는 습관이 된 것 같아요. 그냥 일찍 일어나려고

노력하니까 되더라고요. 늦지 않으니 창피당할 일도 없어 좋고요. 이제는 일찍 일어나는 것이 그렇게 힘들지 않아요.

지민이의 지각하던 습관은 이제 없어졌다. 이렇게 습관이 바뀌기 위해서는, 다시 옛 습관으로 돌아가려는 관성을 잘 지도해주어야 한다. 지민이의 경우도 나흘째 되던 날 다시 지각했다. 그때 무엇이 문제였는지 원인을 찾아서 지도해야 한다. 또한 학생이 다시 지각함으로 인해 느끼는 패배감, 무능감, 낙심 등의 부정적인 마음을 해결해 주어야 한다. 이런 교사의 지도가 뒷받침되어야 학생은 다시 힘을 얻어 나쁜 습관을 이겨갈 수 있게 된다.

지민이는 경험을 통해 지각하지 않는 것이 얼마나 자신에게 좋은 것인지 알게 되었다. 그래서 지각하지 않으려고 노력하였고 그 노력의 결실로 지각하지 않는 행동이 습관화된 것이다. 이렇게 새로운 가치기준으로 습관화되어 변화된 생활을 하게 되는 것이 가치기준 굳히기이다.

습관화를 위한 전략들

1. 변화를 갈망하게 하라

어떻게 하면 알고 있는 것을 행동으로 실천하도록 할 것인가? 그 대답은 '간절히 원하게 하라'이다. 예를 들어, 다이어트 방법을 알고 그 효과에 대해서 알고 있다 하더라도 실제로 다이어트를 실행하는 경우는 정말 살을 빼고 싶다는 마음이 간절할 때이다. 마찬가지로 학생도 본인이 변화되고 싶다는 마음이 간절할 때 행동 변화를 시도하게 된다. 그렇다면 교사나 부모의 역할은 바로 학생이 변화되고 싶도록 동기를 유발해 주는 것이다.

동기유발을 위해서는 먼저 현재 자신의 모습을 정확히 인식하게 하는 지도가 필요하다. 학생 중에는 원하는 자신의 모습과 현재 자신의 삶이 정반대인 경우가 많다. 그런데 정작 본인은 그것을 모르고 있다. 예를 들면 친구들과 사이좋게 지내고 싶고 사랑받고 싶은데, 실제 자신은 짜증 내고, 화를 내며 자기중심적으로 행동하고 있는 것이다. 이렇게 친구들이 싫어하는 행동만 하면서 친구들이 자신을 좋아하지 않는다고 원망 불평하고 있는 자신의 모습을 모르고 있다. 또 선생님과 부모님께 칭찬을 듣고 싶어 하지만, 현실의 본인은 게을러서 아침에 늦게 일어나고 학교는 지각하기 일쑤다. 그러면서 자신을 인정해주지 않는다고 서운해한다. 따라서 본인이 원하는 상태와 현재의 모습이 어떻게 다른지를 인식시켜주어야 한다. 그리고 그 차이를 어떻게 줄여야 할지를 생각하게 해서 학생 스스로 변하고 싶다는 간절함을 갖게 도와주어야 한다.

이를 위해서는 우선 학생이 지금처럼 살아가게 되면 자신의 미래가 어떻게 될지 상상하게 하라. 지금의 모습으로 살아갈 때와, 변화된 모습으로 생활할 때, 미래의 모습이 어떻게 달라질지를 상상해 보게 하는 것이다. 이를 통해 간절한 마음을 갖게 하는 것이 지속적인 동기유발에 도움이 된다. 그리고 자신의 행동이 가족과 친구 등 가까운 주변 사람들에게 어떤 영향을 미치는지 생각해 보도록 하면 좋다. 예를 들면 "그렇게 하면 너의 가족들이 행복할까?", "그렇게 하면 너의 어머니 마음은 어떠실까?" 이렇게 질문을 해 보는 것이다. 이러한 질문은 자신의 행동으로 인해 가족이 행복하지 못하게 될 수 있다는 생각을 하게 되면서 잘못된 행동을 개선하고자 하는 마음을 갖게 한다. 또한 "그렇게 행동하면 친구들이 좋아할까?"라는 질문은 친구들과 사이좋게 지내고 싶은 학생들에게는 동기유발이 될 수 있다.

2. 지속적인 추수지도(Follow-up)만이 변화를 이끈다

인성교육은 인류 보편적인 가치기준을 습관화하는 것이라고 언급했는데, 습관화 과정은 단시일에 일회성으로 되는 것이 아니라는 것을 강조하고 싶다.

　수찬(5학년, 남)이는 친구들을 놀리고 괴롭히는 것을 습관처럼 하는 아이였다. 대화의 기회를 기다리던 어느 날 수찬이와 이 문제에 대해 이야기하게 되었고 수찬이는 자신의 모습을 돌아보게 되면서 앞으로 고치겠다고 약속하였다. 대화를 마친 나는 수찬이가 변화될 것을 기대하니 너무 기분이 좋았다. 그런데 얼마 후 수찬이를 보았을 때 예전의 행동을 그대로 반복하고 있는 것이 아닌가? 나는 너무나 실망이 되었다. 왜 이런 일이 일어났을까? 바로 일회성 지도가 문제였다. 선생님의 일회성 지도는 변화의 계기는 될 수 있지만 변화를 이끌기에는 충분하지 않다. 학생의 진정한 변화를 위해서는 선생님의 반복적 지도와 학생의 실천을 통해, 그동안 해왔던 습관의 관성을 완전히 극복해야만 한다.
　수찬이의 경우도 생각으로는 자신의 모습을 돌아보고 고쳐야겠다고 생각했지만 기존 습관에 붙잡혀 실천은 이루어지지 않았다. 행동으로 옮겨지지 않았기 때문에 당연히 생활하는 모습도 변화되지 않았던 것이다.

　런던 대학의 연구 결과에 의하면, 사람이 습관을 완전히 익히는 데는 약 66일이 걸린다고 한다. 66일은 평균값이고 사람에 따라서는 18일부터 254일까지 개인차가 있다고 한다. 즉, 습관은 지속적으로 반복할 때 형성되는 것이다.

새로운 가치기준의 습관화를 위해서는 교사가 추수지도를 지속적으로 하는 것이 필요하다. 새로운 행동을 하려고 하면 관성에 의해 예전 습관대로 하고 싶어지고, 또 하지 않던 행동을 하다 보니 힘들어서 '더는 못 하겠다'는 한계에 부딪히게 된다. 그때마다 교사나 부모는 줄탁동시(啐啄同時)처럼 아이가 무엇을 어려워하는지를 살펴서 도와주어야 한다.

이런 추수지도는 빠르면 빠를수록 효과가 좋다. 적절한 추수지도(Follow-up)의 시기를 놓치면 안 된다. 왜냐하면 학생이 혼자 해보고 안 되는 경우에, 처음 가졌던 의욕마저 잃고 '안 된다'는 생각을 할 수 있기 때문이다. 학생의 실천 의지가 사라지기 전에 재지도가 들어갈 경우는, 비록 학생이 실패를 경험했다 하더라도 다시 의욕을 가지고 실천하게 할 수 있다. 위의 수찬이의 사례도 교사가 일회성 지도에 그쳤기 때문에 처음 대화를 통해서 하고자 하는 다음은 있었지만, 어떤 실천도 하지 않게 된 것이다.

일회성이 아닌 꾸준한 관심과 사랑으로 반복적인 지도가 있을 때 학생은 변화된다.

3. 성공에 대한 자신감을 주어라

실천하려면 계획이 구체적이어야 한다. 학생과 교사는 무엇을 어떻게 개선해야 할지 서로 의견을 나누어야 한다. 실천 가능한 것, 쉬운 것부터 하나씩 실천해 보도록 구체적으로 계획을 세우고 점검해야 한다.

앞의 지민이 사례처럼 아침에 늦게 일어나서 지각하는 경우라면, 부지런해야 한다는 말만으로는 실천하기가 어려울 수 있다. 구체적으로 아이가 왜 늦게 일어나는지 원인을 진단해야 한다. 만약 늦게 자는 것이 원인이면 왜 늦게 자는지 파악해서 개선하는 계획을 세우고 일찍 자는 것부터 실천하면 된다. 예를 들어, TV 드라마가 원인이면 녹화해서 보는 방법을 제시할 수 있고, 아니면 아침에 깨울 사람이 없다면 알람을 설정해 놓거나, 부모님께 깨워 달라고 부탁하는 등 구체적이면서 상황에 맞는 방법을 함께 찾아가는 것이다.

구체적인 계획은 성공을 경험하게 해주고 성공 경험은 할 수 있다는 자신감을 가져다준다. 문제행동을 일으키는 학생들은 많은 꾸지람과 실패 경험으로 인해 자신감이 낮아지고 의욕을 상실하게 된다. 따라서 작은 성공 경험을 자주 경험하게 함으로써 용기와 의욕을 갖게 하는 것이 필요하다.

4. 외적동기에서 시작하여 내적동기로 마무리하라

학생이 계획한 것을 실천했을 때 적시적인 보상을 해 주는 것은 행동을 강화하는 데 도움이 된다. 예를 들면 사탕이나 초콜릿 등을 주는 것이 사소해 보이지만 선생님의 칭찬으로 받아들이기 때문에 동기유발 효과가 있다. 또 학생이 옳은 행동을 우연히 했을 때, 교사가 그 순간을 놓치지 않고 칭찬해 주면, 학생은 그 행동을 반복하고 싶게 된다.

그러나 이렇게 외적보상으로 동기유발을 시도하는 것만으로는 한계와 부작용이 있다. 예를 들어 외적 보상에 익숙해진 학생들은 보상이 없으면 움직이지 않을 수 있다. 그래서 서서히 내적동기로 전환하는 것이 필요하다. 내적동기는 외적보상이 없더라도 스스로 이유를 만들어서 움직이게 하기 때문이다. 그렇다면 어떻게 내적동기를 유발할 것인가? 그것은 학생이 '옳은 행동을 실천하는 것이 이렇게 좋구나'라고 스스로 인식하게 하는 것이다. 즉, 실천해보니 무엇이 좋은지를 물어보는 것이다. 지민이의 사례에서는 지각하지 않으니 무엇이 좋았는지를 생각해보게 했다. 지민이는 ①"선생님께 혼날까 봐 가슴 조마조마 안 해서 좋아요. 그리고 ②친구들에게도 창피하지 않구요. 그렇게 하루가 시작되니 ③학교생활도 재미있고 신이 나는 것 같아요."라고 대답했다. 이렇게 부지런함을 실천함으로써 지민이는 스스로 떳떳하게 생활할 수 있는 내적동기를 3가지나 얻을 수 있었다. 정리하면, 처음에는 외적인 강화물을 제시해주어 실천하게 하는 것도 도움이 된다. 그리고 점차 학생 스스로 '옳은 가치기준으로 행동하는 것이 의미 있고 좋구나.'라는 내적

동기를 갖도록 도와주어야 한다.

가치기준 굳히기 과정에서 유의할 점

1. 옳은 것이라도 강요하면 안 된다

교사나 부모가 학생에게 가치기준을 세워주겠다는 생각이 강하다 보면 자칫 강압적이고 일방적인 지도가 되기 쉬워지므로 주의해야 한다. 강압적으로 가치기준을 세우다 보면 그 강압적인 방법이 무서워 그 앞에서는 지도받은 대로 행동을 할 수 있을지 모르나 해가 바뀌어 다른 담임교사를 만나거나, 대학생이 되어 부모에게서 떨어져 자유롭게 생활하게 될 때 오히려 예전 모습으로 되돌아가게 되는 경우가 있기 때문이다. 이는 스스로 가치기준을 세우고자 하는 마음 없이 강압에 의해 억지로 하는 척만 했기 때문이다. 결국 가치기준이 굳혀지지 않은 상태이다.

이런 부작용을 줄이기 위해서는 학생 스스로 옳은 가치기준을 세우고자 하는 마음이 생기도록 해야 한다. 그것은 생각을 열어줄 수 있는 적절한 질문으로 징검다리를 놓아줄 때 가능하다. 이 과정을 통해 학생이나 자녀는 자기 문제를 스스로 발견하고 해결책도 생각하게 되어 변화가 지속될 수 있다. 왜냐하면 학생 스스로가 이러한 가치기준으로 생활하는 것이 자신에게 얼마나 좋은지를 알게 되기 때문이다.

2. 사랑과 관심의 레이다를 작동시켜라

교사가 학생에 대해 평소에 관심을 많이 가지면 정보가 자동으로 수집된다. 문제를 자주 일으키는 학생은 물론이고 현재는 문제를 일으키지 않지만, 문제의 소지가 있는 학생의 경우도 관심 있게 관찰하여 정보를 수집해 두어야 한다. 그러면 문제가 발생했을 때 학생에게 적절한 방법으로 도움을 줄 수 있게 된다. 이런 정보 수집은 연애를 시작한 남녀가 한 공간에서 멀리 떨어져 있더라도 서로에 대해 자동으로 감지되는 것처럼, 학생에 대한 관심과 사랑의 레이다가 작동하게 되면 필요한 모든 것들이 선생님의 눈과 마음에 포착되기 마련이다.

아래 대화에 나온 경철이는 늘 학생들을 놀리고 때리는 습관으로 인해 많은 선생님들에게 걱정의 대상이 되었던 5학년 남학생이었다. 그 반 학생들도 경철이로 인하여 늘 불편해하고 있었는데 경철이의 행동은 쉽게 고쳐지지 않고 있었다. 그러던 어느 날 대화를 하게 되었다. 경철이와 대화하는 도중에 자신의 행동이 고쳐지지 않으면 어른이 되었을 때 조직폭력배가 되어 패싸움하고 다닐 수 있게 된다고 이야기해주게 되었다.

교사 : 경철아, 네가 말한 대로, 네가 그렇게 조직폭력배가 되어 패싸움 하고 다닌다면 나중에 어떻게 될 것 같아?

경철 : 감옥에 가요.

교사 : 그럴 수 있지. 그렇게 교도소에 가는 사람은 나중에 좋은 직장을 구할 수 있을까?

경철 : 좋은 직장 구하기 어렵지요.

교사 : 좋은 아내는 만날 수 있을까?

경철 : 아니요. 못 만나요.

교사 : 그럼 친구들은 좋은 직장, 행복한 가정을 가지고 있는데, 경철이는 교도소나 드나들면 경철이는 행복하겠니?

경철 : 아니요. 행복하지 않아요.

교사 : 그래, 그것을 보고 계신 엄마, 경철이를 가장 사랑하는 엄마의 마음은 행복할까?

경철 : (울컥하며) 아니요.

경철이에게 어머니와 연관된 질문을 하게 된 까닭은 경철이 어머니와 전에 대화를 나누었던 것이 생각이 났기 때문이었다. 어머니는 경철이를 조산하여 인큐베이터 안에서 몇 달 동안 키웠고, 어려서 잔병치레를 많이 하여 늘 마음이 쓰이고 가엾은 아이라고 말씀하셨다. 경철이도 또한 어머니에 대해 특별한 애착 관계가 형성되어 있을 것이라고 생각이 되었다. 그래서 어머니를 생각하게 하는 대화를 하게 되었는데 그것이 경철이 마음을 흔드는 계기가 되었다. 미래 자신의 모습을 상상하던 중 그 모습을 보고 계실 어머니를 생각하니 이래서는 안 되겠다는 생각이 들게 되어 지금의 행동을 바꾸겠다고 결심하게 된 것이다. 그러면서 행동의 변화가 조금씩 이루어지게 되었다.

하이어라포가 형성되어 관심과 사랑의 레이다가 작동되면 학생에 대한 전반적인 정보가 프로파일링 되기 시작한다. 학생에 대한 관심과 사랑으로 얻어진 정보들은 시기적절하게 추수지도에 적용될 수 있다.

3. 지도는 언제나 어디서나

추수지도가 잘 안되는 이유는 특별한 시간, 장소를 정해 놓고 지도해야 한다는 교사의 고정관념 때문인 경우가 많다. 일부 교사들은 추수지도(Follow up)를 별도의 날짜와 시간을 정해서 의무감으로 하려고 하기 때문에 우선순위에서 밀리는 것이다. 인성교육은 평상시에 학생에 대한 관심과 사랑을 가지고 그때그때 수시 지도를 통해서 이루어지는 것이 바람직하다. 별도의 시간을 정해서 하려고 하면 밀린 숙제를 처리하듯 하나의 업무가 될 가능성이 높다. 즉, 특정한 시간과 장소가 있는 것이 아니라 만날 때마다, 상황에 접할 때마다 학생이 어떻게 하고 있는지 궁금하기 때문에 모든 말과 행동이 관찰되고 관심 있게 보게 된다. 이런 관심과 사랑으로 현장에서 언제 개입해야 할지 눈에 보이고 판단이 되는 것이다.

은슬(2학년, 여)이와 대화를 나눈 후 이틀 정도 후 복도를 지나가다 우연히 은슬이를 만나게 되었다. 이 아이의 고민은 언니가 자꾸 심부름시켜서 짜증이 난다는 것이었고, 돕고 위하는 것이 결국 네가 기뻐지는 길이라고 대화를 나누었다. 은슬이를 보니 대화 나누었던 것이 생각나서 지나가던 걸음을 멈추고 선 채로 잠깐 대화를 나누었다.

교사 : 은슬아! 어제 언니는 도와주었니?

은슬 : (잊었던 것을 생각해내듯) 아, 네.

교사 : 어떻게 도와주었는데?

은슬 : 언니가 파일을 언니 책상에 가져다 달라고 했는데 그렇게 해 주었어요.

교사 : 그랬구나. 그랬더니 은슬이 마음은 어땠니?

은슬 : (미소 지으면서) 좋았어요.

교사 : 그래, 언니를 도와주니 언니가 기뻐하지? 그 모습을 보니 너도 기분이 좋아지고? 그렇게 하면 되는 거야. (격려를 하고 잘 가라고 인사를 한 후 가려고 하는데 은슬이가 뒤에서 다시 불렀다.)

은슬 : 선생님, 이렇게 자주 물어봐 주세요. 물어봐 주시니 생각나서 너무 좋아요.

은슬이는 시간이 지나니 다짐했던 내용들을 잊은 것 같았다. 그러다가 선생님이 다시 질문해 줌으로써 대화했던 것들이 생각나게 되었고 다시 마음을 잡게 되어 좋았다고 했다. 이렇듯 추수지도는 많은 시간이 필요하지도 않고 특정한 날을 따로 잡지 않아도 된다. 복도를 지나가다가도, 급식실에서 줄을 서는 중에, 함께 점심을 먹다가도 가능한 것이다. 잠깐의 틈을 이용하여 충분히 추수지도를 해 줄 수 있다. 요즘에는 휴대폰을 통한 SNS 대화도 효과적이다. 방과 후나 때로는 그 아이가 졸업한 후에도 필요하다면 계속적인 관심과 사랑을 보내줄 수 있다.

4. 아이들에게 진정한 모델링이 되어야 한다

아이들은 자신 앞에 있는 교사나 부모를 보고 닮는다. 그러면서 힘들 때는 '아, 우리 선생님(엄마)은 이럴 때는 이렇게 하셨는데…' 라든지, '우리 선생님(아빠)의 이런 모습은 정말 보기 좋던데, 나도 그렇게 해야지.'라고 은연중에 닮아가게 되는 것이다. 교사나 부모가 말로는 옳은 가치기준을 강조하지만, 현실 생활에서 그와 다른 모습을 보여준다면, 인성교육은 어려워진다. 그래서 인성교육은 교사와 학생이 모두 동반 성장해야만 하는 진정한 삶의 공부인 것이다.

또한 '경험이 선생이다'라는 말이 있듯이 보통은 본인이 경험한 분야를 가장 잘 지도할 수 있기 마련이다. 교사나 부모 스스로가 자신의 좋지 못한 습관을 옳은 습관으로 고치는 노력을 해 보았다면 무엇이 어려웠고 또 그 어려움을 어떻게 극복해야 하는지 알고 지도할 수 있다.

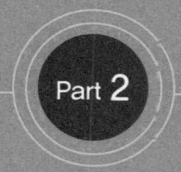

인성교육 3단계 질문법

가치기준 인식
가치기준 경확화
가치기준 적용

1단계 가치기준 인식	왜 그랬어? 왜 그렇게 말(행동)했어?
2단계 가치기준 명확화	그렇게 말(행동)하는 것이 옳은 것일까? 옳지 않은 것일까?
3단계 가치기준 적용	그러면 앞으로 어떻게 하면 좋을까?

인성교육 3단계 질문법

Part 1에서 가치 중심 인성교육의 원리에 대해서 자세히 소개하였다. Part 2에서는 그 원리를 기반으로 하여 학교 현장에서 활용하기 쉽고 효과적인 『인성교육 3단계 질문법』을 소개하고자 한다.

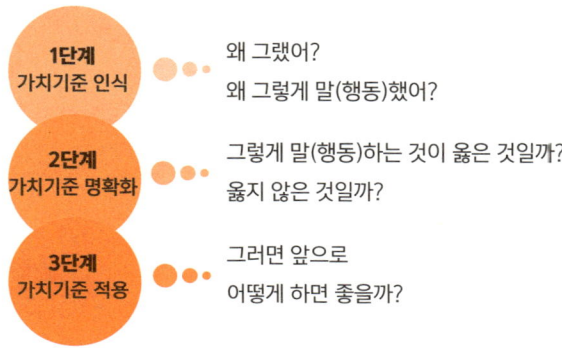

철수 : 영수야! 우리 집에 드론 있다!

영수 : 와! 정말?

철수 : 뻥인데!

영수 : 에이! 야, 넌 거짓말쟁이야!

철수 : 뭐? 내가 왜 거짓말쟁이야?

영수 : 지금 거짓말했잖아!

철수 : 그것은 거짓말이 아니라. 농담이지. 넌 농담도 모르냐?

영수 : 그게 왜 농담이냐? 거짓말이지? 너랑 이제 안 놀 거야!

철수 : 놀지마라~ 나도 안 논다. 그런 쫌생이하고는

영수 : 쫌생이? 내가 왜 쫌생이냐?

철수 : 그런 것 가지고 화내니깐 그렇지.

두 아이의 다툼을 보고 있던 같은 반 친구들이 두 아이를 데리고 교사에게 왔다. 이런 상황은 학교에서 비일비재하게 일어나는 상황이다. 또한 이런 상황이 바로 학생들의 가치기준을 바로 세워주고 의식을 성장시킬 수 있는 인성교육을 할 수 있는 최적의 상황이다. 사건과 상황은 바로 우리의 의식을 성장시킬 수 있는 절호의 찬스이기 때문이다. 이때 적절하게 대화를 이끌어가야 하는데 그때 효과적인 대화법이 바로『인성교육 3단계 질문법』이다.

『인성교육 3단계 질문법』을 활용하여 대화했던 실제 사례이다.

다툼이 일어나게 된 경위를 듣고 난 후, 교사는 아이들과 한 명씩 대화를 나누었고, 아래는 그 중 철수와의 대화 내용이다.

교사 : 철수야, 왜 영수와 다투게 된 것 같아?
철수 : 영수가 저더러 거짓말쟁이라고 했잖아요.
교사 : 그럼, 철수는 그것이 거짓말이 아니라고 생각해?
철수 : 재미있으라고 한 농담이잖아요. 장난이었다고요.
교사 : 그러면 그것이 사실이었던 거야?
철수 : 그건 아니지만요…
교사 : 그러면…?
철수 : 거짓말이었어요.
교사 : 그래, 그것은 거짓말이었어. 네가 재미있으려고 했다고 하더라도

거짓말은 거짓말인거야. 철수야, 거짓말하는 것은 옳은 것일까? 옳지 않은 것일까?

철수 : 옳지 않은 거죠.

교사 : 거짓말이 왜 옳지 않은 것일까?

철수 : 음. 나쁘니까요.

교사 : 그래, 누구에게 나쁘지?

철수 : 영수에게요.

교사 : 너에게는 어떻겠니?

철수 : 저에게도 나쁘겠지요.

교사 : 어떻게 나쁘다고 생각되는데?

철수 : 음… 싸움이 일어나서요.

교사 : 그렇지? 또 어떻게 나쁘겠어?

철수 : 음…

교사 : 철수야, 이런 일이 한 번 두 번 쌓이게 되면 나중에 친구들이 철수 이야기를 곧이곧대로 믿을까?

철수 : 아니요.

교사 : 그럼 사실대로 말하는데도 친구들이 철수의 말을 안 믿어주면 어떻겠니?

철수 : 짜증 날 것 같은데요.

교사 : 그래, 안 좋겠지? 지금처럼 싸움도 생기고 말이야.

철수 : (고개를 숙이고) 네.

교사 : 그럼, 앞으로 어떻게 해야 할까?

철수 : 농담이라도 거짓말은 하지 말아야겠어요.

교사 : 그래, 앞으로 철수가 거짓말을 하지 않는 멋진 학생이 되길 선생님도 바란단다.

대화는 길지 않은 시간에 이루어졌지만, 본인이 무엇이 문제인지 이해를 못 하고 상대방 탓만 하고 있던 철수가 문제를 인식하게 되었고, 향후 어떻게 해야 되는지까지 알게 하는 대화였다.

이렇게 『인성교육 3단계 질문법』은 학교 현장에서 인성교육에 활용하면 아주 효과적인 질문법이다. 그러면 위의 대화를 단계별로 다시 한번 소개해 보겠다.

1단계 : 가치기준 인식

『1단계』는 "왜 그랬어?", "왜 그렇게 말(행동)했어?"라고 질문하는 것이다.

가치기준 인식 단계로 교사가 질문을 통해서 학생이 자신의 현재 가치기준을 깨닫게 하는 과정이다. 질문을 받는 사람(학생)이 스스로 자신의 마음과 생각을 인식하도록 하기 위한 질문이다.

　이 때 주의해야 할 것은 앞에서도 설명했듯이 추궁하듯, 잘못을 지적하는 마음으로 질문을 하면 안 된다는 것이다. 정말 궁금한 마음으로 질문해야 한다. 그렇지 않으면 아이는 주눅이 들어서 제대로 답변을 하지 못하기 때문이다.

　위의 사례를 분석해보면 아랫부분까지가 1단계에 해당한다.

교사 : 철수야, 왜 영수와 다투게 된 것 같아?

철수 : 영수가 저더러 거짓말쟁이라고 했잖아요.

교사 : 그럼, 철수는 그것이 거짓말이 아니라고 생각해?

철수 : 재미있으라고 한 농담이잖아요. 장난이었다고요.

교사 : 그러면 그것이 사실이었던 거야?

철수 : 그건 아니지만요…

교사 : 그러면…?

철수 : 거짓말이었어요.

　교사는 "철수야, 왜 영수와 다투게 된 것 같아?"라고 물어봄으로써 학생이 스스로 자신의 가치기준을 인식하도록 하였다. 다툼의 원인이 영수가 아니라, 장난으로 거짓말을 해도 된다는 철수의 가치기준 때문이었음을 학생 스스로 인식하게 하기 위한 질문이었다. 철수의 경우도 스스로 그것을 인식하게 하기까지 몇 단계의 추가 질문이 필요했다. 대부분의 학생도 마찬가지이기 때문에, 교사는 학생이 인식할 수 있도록 질문을 통해 도와줄 수 있는 능력을 갖추어야 한다.

1단계 질문은 다음과 같이 다양하게 적용할 수 있다.

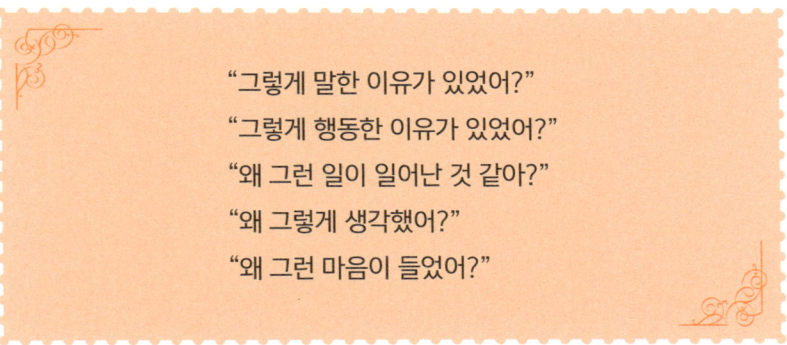

"그렇게 말한 이유가 있었어?"
"그렇게 행동한 이유가 있었어?"
"왜 그런 일이 일어난 것 같아?"
"왜 그렇게 생각했어?"
"왜 그런 마음이 들었어?"

▲ 1단계에서 적용할 수 있는 다양한 질문들

가치기준이 확립된 교사는 문제상황이 발생했을 때, 상황 진단을 위한 질문과정에서 학생들의 답변을 통해 무엇이 학생들의 문제인지 직관적으로 파악할 수 있다. 이렇게 근본 원인이 파악되고 나면, 교사는 학생들을 지적하고 훈계하는 것이 아니라, 학생이 그 근본 원인을 스스로 인식할 수 있도록 질문을 통해 지도해야 한다. 이렇게 질문을 통해 지도하는 능력이 교사의 진짜 실력이다.

2단계 : 가치기준 명확화

『2단계』는 "그렇게 말(행동)하는 것이 옳은 것일까, 옳지 않은 것일까?"라고 질문하는 것이다.

일반적으로 무엇이 문제였는지 인식했다고 해서, 반드시 실제 생활의 변화와 성장으로 연결되지 않는다는 것에 동의할 것이다. 그래서 2단계 가치기준 명확화가 필요하다. 문제점을 인식한 후에 옳고 그름에 대한 판단과 그 이유를 생각해 보고 가치기준을 정리해 주는 과정이다.

위의 사례를 분석해보면 아랫부분까지가 2단계에 해당한다.

교사 : 그래, 그것은 거짓말이었어. 네가 재미있으려고 했다고 하더라도, 거짓말은 거짓말인거야. 철수야, 거짓말하는 것은 옳은 것일까? 옳지 않은 것일까?

철수 : 옳지 않은 거죠.

교사 : 거짓말이 왜 옳지 않은 것일까?

철수 : 음. 나쁘니까요.

교사 : 그래, 누구에게 나쁘지?

철수 : 영수에게요.

교사 : 너에게는 어떻겠니?

철수 : 저에게도 나쁘겠지요.

교사 : 어떻게 나쁘다고 생각되는데?

철수 : 음… 싸움이 일어나서요.

교사 : 그렇지? 또 어떻게 나쁘겠어?

철수 : 음…

교사 : 철수야, 이런 일이 한 번 두 번 쌓이게 되면 나중에 친구들이 철수 이야기를 곧이곧대로 믿을까?

철수 : 아니요.

교사 : 그럼 사실대로 말하는데도 친구들이 철수의 말을 안 믿어주면 어떻겠니?

철수 : 짜증 날 것 같은데요.

교사 : 그래, 안 좋겠지? 지금처럼 싸움도 생기고 말이야.

철수 : (고개를 숙이고) 네.

이 가치기준 명확화 단계는 판정알(판단을 정확하게 알게 하기), 되질문하기, 가치기준 정리하기로 다시 세분화 할 수 있다.

1. 판정알(판단을 정확하게 알게 하기)

이 단계의 대표적인 질문은 "그렇게 말(행동)하는 것이 옳은 것일까, 옳지 않은 것일까?"이다. 위의 예화에서는 "그래, 그것은 거짓말이었어. 네가 재미있으려고 했다고 하더라도, 거짓말은 거짓말인거야. 철수야, 거짓말하는 것은 옳은 것일까? 옳지 않은 것일까?"라는 질문이 이에 해당된다. 이런 질문을 받게 되면 학생은 자신의 말과 행동을 객관적으로 판단해 보게 되고 질문에 답을 하면서 자신의 잘못을 스스로 깨닫게 된다. 예화에서 학생은 "옳지 않은 거죠."라고 판단하여 대답을 했다. 물론 그 판단과 대답은 마음을 실은 것일 수도 있고, 아닐 수도 있다. 그래서 교사는 되질문을 통해서 더욱 명확하게 인식하도록 지도할 필요가 있다.

2. 되질문하기

학생이 자신의 말과 행동의 원인에 대해 인식하고 옳고 그름을 판단했다면 교사는 그 판단에 대해 반드시 되질문을 해야 한다. 반드시 되질문을 해야 하는 이유는 좀 더 명확하게 인식시키기 위해서이다.

사례에서 학생은 거짓말이 옳지 않다고 답변을 했지만, 평소에 거짓말이 나쁘다는 것을 깊이 있게 생각해 보지 않았거나 정말 왜 나쁜지를 모르고 있어서 이처럼 거짓말을 했던 것이다. 그냥 피상적으로 머리로만 거짓말이 옳지 않다고 알고 있어서 흔히 하는 말로 영혼 없이 "옳지 않은 거죠"라고 답변을 할 수도 있다. 이때 "거짓말이 왜 옳지 않은 것일까?"라고 되질문을 함으로써 학생은 거짓말이 옳지 않은 이유를 난생처음 곰곰이 생각해 보게 된다. 평소에 생각하지 않고 그냥 받아들였던 가치들에 대해 깊이 있게 사고하면서 내면화하는 과정이다.

학생과의 대화에서 되질문을 적용해 보면, 막상 우리는 너무나 막연하게 그냥 받아들이는 것들이 많다는 것을 알게 될 것이다. 이런 막연함이 오해와 갈등을 만들고, 변화와 성장을 막는다. 다음은 위 사례에서 되질문이 포함된 대화의 부분이다.

철수 : 옳지 않은 거죠.

교사 : 거짓말이 왜 옳지 않은 것일까? (되질문)

철수 : 음. 나쁘니까요.

교사 : 그래, 누구에게 나쁘지? (되질문)

철수 : 영수에게요.

교사 : 너에게는 어떻겠니? (되질문)

철수 : 저에게도 나쁘겠지요.

교사 : 어떻게 나쁘다고 생각되는데? (되질문)

철수 : 음… 싸움이 일어나서요.

사례에서는 이런 네 번의 되질문 과정을 통해, 학생은 거짓말이 옳지 않고, 친구와 본인에게 모두 나쁜 것임을 논리적으로 명확히 이해하게 되었다. 되질문의 과정을 통해, 학생들은 대부분 스스로 가치기준을 정리하게 된다.

3. 가치기준 정리하기

되질문하기 과정에서 가치기준에 대한 깊이 있는 사고가 어려울 경우, 학생의 수준을 판단하여 가치기준을 정리해 줌으로써 가치기준 명확화 과정을 마무리한다. 반대로 되질문하기 과정에서 학생의 대화 수준이 높다면 가치기준 정리하기 단계는 되질문하기 단계에서 통합해서 이루어질 수도 있다.

교사 : 철수야, 이런 일이 한 번 두 번 쌓이게 되면 나중에 친구들이 철수 이야기를 곧이곧대로 믿을까? (가치기준 정리하기)

철수 : 아니요.

교사 : 그럼 사실대로 말하는데도 친구들이 철수의 말을 안 믿어주면 어떻겠니? (가치기준 정리하기)

철수 : 짜증 날 것 같은데요.

교사 : 그래, 안 좋겠지? 지금처럼 싸움도 생기고 말야. (가치기준 정리하기)

철수 : (고개를 숙이고) 네.

2단계 질문법을 통해서 학생은 본인이 무의식적으로 가지고 있는 잘못된 가치(의식)가 나에게도 나쁘고 다른 사람에게도 나쁜 영향을 미친다는 것을 명확히 알게 된다. 즉, 가치기준을 새롭게 정리하게 된 것이다.

이렇게 2단계에서 적용할 수 있는 질문들은 다음과 같다.

> "그렇게 행동하면 싫어하겠니, 좋아하겠니?"
> "그렇게 말하면 믿어주겠니, 안 믿어주겠니?"
> "그렇게 하면 사랑받는 행동일까, 버림받는 행동일까?"
> "그렇게 하면 존경받는 삶일까, 미움받는 삶일까?"
> "그 생각이 선한 생각일까, 악한 생각일까?"
> "그렇게 말(행동)하면 좋아할 사람 있을까?"
> "그 말이 선한 말일까, 악한 말일까?"

▲ 2단계에서 적용할 수 있는 다양한 질문들

3단계 : 가치기준 적용

『3단계』는 "그러면 앞으로 어떻게 하면 좋을까?"라고 질문하는 것이다. 가치기준이 명확해지면, 남은 일은 앞으로 어떻게 할 것인가에 대한 구체적인 실행계획을 수립하는 것이다.

위의 사례를 분석해보면 아랫부분이 3단계에 해당한다.

> 교사 : 그럼, 앞으로 어떻게 해야 할까?
> 철수 : 농담이라도 거짓말은 하지 말아야겠어요.
> 교사 : 그래, 앞으로 철수가 농담이라도 거짓말을 하지 않는다면 누구라도 믿어줄 수 있는 멋진 사람이 될 거야. (엄지척)

『3단계』 가치기준 적용 단계는 "그러면 앞으로 어떻게 하면 좋겠니?"라는 질문을 통해 옳은 가치를 생활 속에서 어떻게 적용할 것인지 학생이 스스로 선택하게 하는 단계이다. 그러면 학생은 옳은 가치기준이 정리되었기 때문에 어떻게 적용할지도 스스로 판단하게 된다. 철수의 경우 **"농담이라도 거짓말은 하지 말아야겠어요."**라고 말했던 것처럼 말이다. 또한 스스로 선택했기 때문에 행동으로 실천할 가능성이 높다. 이때 학생의 대답이 막연하다면 좀 더 구체적으로 실천 계획이 나오도록 대화를 이끌어가는 것이 필요하다.

만약 3단계에서 학생이 어떻게 해야겠다는 구체적인 이야기가 나오지 않는다면 2단계로 되돌아가서 가치기준 명확화 과정을 다시 거치는 대화를 이어가는 것이 필요하다. 보편적으로는 2단계 대화가 잘 이루어지면 3단계는 자연스럽게 진행되게 된다.

3단계에서 적용할 수 있는 질문들은 다음과 같다.

> "그러면 앞으로 어떻게 말하면 좋을까?"
> "그러면 앞으로 어떻게 행동하면 좋을까?"
> "앞으로 어떤 삶을 살고 싶어?"
> "그러려면 어떻게 해야겠어~~?"
> "그러기 위해 무엇을 실천하면 좋을까?"
> "어떻게 생각하면 좋을까?"

▲ 3단계에서 적용할 수 있는 다양한 질문들

이처럼 『인성교육 3단계 질문법』을 적용하면 가치기준을 인식하고 명확화하며 적용하는 과정을 통해 학생은 옳은 가치기준을 정립하게 된다.

3단계 질문법을 적용한 사례예시

김선미는 2학년 여학생으로 보건실에 자주 오는 학생이다.

선미 : 선생님, 친구가 팔꿈치를 쳐서 아파요.
교사 : 그래~ 치료해 줄게, 그런데 문을 왜 열어놓았어~~? (1단계 질문)

선미 : 이따 또 나갈 거라서요

교사 : 선생님이 추운데…

선미 : 괜찮아요, 제가 춥지 않으니깐요.

교사 : 그래, 그럼, 선생님도 선생님이 팔 아프지 않으니깐 치료 안 해줘야 할까~?

선미 : 에이, 어차피 나갈 건데. (투덜대면서 문을 닫는다)

교사 : 선미야, 선미가 곧 나갈 거라고 문을 열어놓고 오면 선생님이 추울까 안 추울까?

선미 : 추워요.

교사 : 맞아, 추웠어. 문을 안 닫는다고 한 말은 선생님을 생각한 말일까? 선생님을 생각하지 않은 말일까?

선미 : 생각하지 않은 말요.

교사 : 그렇게 상대방을 생각하지 않는 말은 옳은 것일까 옳지 않은 것일까? (2단계 질문)

선미 : 옳지 않아요.

교사 : 그래, 그런데 지금처럼 상대방을 생각해서 문을 닫고 오면 상대방이 좋잖아. 오늘뿐만 아니라 다른 때도 상대방을 생각하면서 말하고 행동한다면 사람들이 선미를 좋아할까, 싫어할까?

선미 : 좋아해요.

교사 : 그래, 그러면 상대방을 생각하는 말과 행동은 누구에게 좋은 거

야?

선미 : 저에게요.

교사 : 그렇지, 앞으로 선미는 어떻게 할 거야? (3단계 질문)

선미 : 상대방을 생각하면서 말하고 행동할 거예요.

교사 : 그래, 상대방의 입장을 생각해서 행동하는 것을 배려라고 해. 선미가 늘 배려하는 사람이 돼서 사랑받는 선미가 되길 바란다.

마치 의사가 환자에게

왜 그런 병을 앓고 있냐고

나무랄 수 없는 것처럼

교사도 학생에게

너는 왜 그렇게 문제가 많으냐고

질책할 수 없는 것이다

학생지도사례

애정결핍으로 의존하는 아이
ADHD 아이
단짝 친구에 집착하는 아이
게임에 과몰입하는 아이
리더 역할을 하며 스트레스를 받는 아이
패배를 견디지 못하는 아이

사랑하게 하라

그러면 사랑받고자 하는

의존과 집착이 사라지게 된다

애정결핍으로 의존하는 아이

나는 어떤 사랑을 하고 있는가?

　미나는 4학년 여학생이다. 미나와의 인연은 4년 전부터 시작되었다. 그 당시 1학년이었던 미나는 운동장 축구 골대근처에서 줄넘기를 하다가 넘어져서 축구 골대의 돌출부위에 무릎이 찍히는 사고가 났었다. 그래서 부모님께 연락드리는 과정에서 어머니 없이 아버지, 동생과 살고 있음을 알게 되었고, 그것이 인연이 되어 미나에게 더욱 마음을 쏟게 되었다.

　그런데 그렇게 4년을 지내다 보니 어느 순간부터 미나는 나에게 의존하는 아이로 변해 있었다. 매일 보건실을 찾아오더니 급기야 어느 날부터는 매시간 찾아왔다. "머리 아파요", "배 아파요", "어깨 아

파요"라며 보건실에 올 궁리만 하는 것처럼 보였다. 그러면서도 막상 치료해 주면 "이것 먹어도 안 나을 거예요", "그렇게 해도 소용없어요!"라며 부정적인 말과 짜증 섞인 태도로 말하곤 하였다. 이런 미나를 대하면서 나는 점점 힘들어졌고 지쳐갔다. '아이고, 또 왔어?' 하면서 미나가 오는 것이 반갑지 않은 마음마저 들기 시작하였다.

'내가 왜 이러지? 교사가 이렇게 학생이 꺼려지면 교사 생활을 그만둬야 하는 거 아냐?'

이런 고민은 날로 나를 힘들게 하면서 '학교를 정말 그만 두어야 하는가'라는 고민하기에까지 이르게 되었다.

'무엇이 문제인가? 미나를 위해준다고 나름 잘해주었는데…, 미나는 왜 이렇게 나를 힘들게 하는 것일까…?

이와같이 괴로워하던 중 인성교육을 함께 공부하는 선생님들과 고민을 나누게 되었고, 이렇게 된 것은 미나의 표면적 문제를 해결해주는 데 만족했기 때문이라는 것을 알게 되었다. 모든 현상의 이면에는 원인이 있을 텐데 그 근본 원인을 찾아서 해결해주려는 진정한 교육적 사랑을 하지 못했던 것이 문제였다.

보통 애정결핍인 학생은 충분히 사랑해줘야 한다고 말을 한다. 나 또한 그렇게 알고 있었기에 미나를 마치 엄마처럼 사랑해 주었다. 그러나 미나는 나의 기대와 달리 의존적인 아이가 되어 서로를 힘들게 만들었던 것이다.

감싸주고 이해만 해주는 사랑으로 애정결핍이 해결되어 회복되는 학생도 있을 수 있다. 그러나 미나와 같은 일부 학생들은 사랑받는 것에만 집착하게 되어 상대방을 지치게 만들고, 오히려 사랑받지 못하게 된다. 그리고 사랑을 주던 대상이 떠나버리던 부적응 학생이 되는 경우도 있다. 따라서 교사는 학생과 함께 할 수 있는 동안, 충분히 사랑해 주면서도 동시에 그 학생이 상대방에게 의존하거나 집착하지 않고 주도적으로 생활할 수 있도록 지도해 주어야 한다. 나는 학생을 성장시키는 깊은 사랑을 하고 있는가? 오늘도 매 순간 반문해 본다.

하이어라포는 불편한 감정들을 녹인다

　나는 미나와의 관계에서 교육적인 사랑을 하지 못한 것이 문제였음을 알게 된 후, 미나에게 적극적으로 다가가면서 문제의 원인이 발견될 때마다 정성과 사랑을 듬뿍 쏟으며 그것을 지도해 나갔다. 그러면서 나에게는 미나에 대한 깊은 관심과 사랑이 점점 더 생기게 되었고 하이어라포가 형성되면서 미나와의 관계에서 불편했던 감정들도 눈 녹듯 사라짐을 경험하게 되었다. 더 중요한 것은 미나에게도 하나씩 변화가 일어나기 시작했다는 점이었다.

미　나 : (치료를 하는 중에) 선생님, 이것(약) 발라도 소용없어요. 안 나을 걸요?

선생님 : 왜 그렇게 생각했는데?

미　나 : 그냥요. 예전에도 집에서 발랐는데 잘 안 나았어요.

선생님 : 그래? 그 약이 이 약이었니?

미　나 : 그건 아니지만요.

선생님 : 이 약은 잘 나을 거야

미　나 : (믿지 못하겠다는 말투로) 그럴까요?

선생님 : 그럼, 그리고 미나야. 지금 네가 한 말을 한번 생각해 보면 어떨까?

미　나 : 무슨 말이요?

선생님 : 좀 전에 했던 말, "이것 발라도 소용없어요. 안 나을 걸요?"라고 했던 말 말야.

미 나 : 그게 어때서요?

선생님 : 그렇게 말하는 네 마음은 어떠니? 기쁘니, 기쁘지 않니?

미 나 : 기쁘지는 않지요.

선생님 : 그렇지? 그럼, 그 말을 듣는 선생님은 기분이 어떻겠니?

미 나 : 음, 선생님도 기분 좋지는 않겠네요.

선생님 : 그래. 그렇게 '안 될 거다', '소용없다'는 말을 부정적인 말이라고 해. 그런 말을 자꾸 하다 보면 자신도 행복하지 않고, 상대방도 행복하지 못하게 만든단다. 너는 그게 좋아?

미 나 : 아니요.

선생님 : 그럼, 어떤 말들이 좋을 것 같으니?

미 나 : 긍정적인 말들요.

선생님 : (웃으며) 긍정적인 말이라는 것도 알아? 와, 미나 똑똑하구나.

미 나 : (씩 웃으며 머리를 긁적인다)

선생님 : 그래, 긍정적인 말이 상대방에게 자신에게도 힘을 주는 말이란다. 그래야 병이 잘 낫고, 병도 잘 안 생기지. 아까 같은 상황에서도 "이것 바르면 곧 낫겠지요?"라고 말을 하면 서로에게 힘이 되는 거야.

미 나 : (미소 지으면서) 네. 그렇게 노력해 볼게요.

그동안 나는 미나의 이런 부정적인 태도가 싫어서 은연중에 마음으로 밀쳐놓으려고 했고 어느 때는 내색도 했다. 이런 나의 모습에 미나는 선생님의 사랑이 떠날 것 같은 불안함을 느껴 더욱 내게 매달렸던 것이다. 그러던 내가 말을 많이 걸어주고, 관심을 보여주는 것이 미나에게는 좋았던 것 같았다. 그래서인지 미나도 본인의 문제들을 고치려고 노력하는 모습이 보이기 시작했다. 미나의 카카오톡을 우연히 보게 되었는데 프로필에 '긍정적으로 생각하자!'라는 글귀가 쓰여 있는 것을 볼 때, 미나가 의식을 하고 노력을 하는 것을 엿볼 수 있었다.

어느 순간부터 '인성 지도는 담임교사가 하는 것이지, 보건교사인 나는 안 해도 돼'라고 생각하며 저만치 밀쳐놓고 생활해 왔던 나의 교직 생활이 부끄럽기만 하였다. 그냥 표면적으로 잘해 주고 친절하게만 해 주면 될 줄 알았는데, 그것으로는 한계가 있음을 확실하게 느끼게 된 계기였다.

그 후 나는 미나가 어떻게 하면 쉽게 알아들을까를 찾았다. 나의 이런 노력으로 미나의 부정적 말투와 거짓말하는 습관에 변화가 생기기 시작했다. 이런 미나의 변화는 나에게 기쁨이 되었고, 미나를 위하는 마음도 더 커지게 했다. 미나와 하이어라포가 형성되면서 나의 사랑이 미나에게 충분히 전달되었는지 더 이상 내 사랑에 목말라하지 않게 되었다. 그렇게 매시간 아프다고 찾아왔던 미나는 점차 찾아오는 횟수가 줄어들었다. 또한 줄곧 보건실에 혼자서 왔었는데 언제부터인가 아이들과 함께 밝은 표정으로 찾아왔다. 또래 아이들과도 친해진 것 같았다. 아이가 밝아지고 풍성해지고 있음을 느낄 수 있어서 나도 흐뭇했다.

관심은 계속되어야 한다

보건실에 온 미나에게 어느 날 좋은 글귀가 씌어 있는 책갈피를 가지고 대화를 한 적이 있다.

> 선생님 : 미나야, 좋은 글 중에 '자기 부족을 개선해가는 것이 기쁨이고, 행복인 것이다.'라는 글이 있는데 미나는 혹시 개선하고 싶은 것 있니?
> 미　나 : 음, 저는요…, 화가 자주 나요.
> 선생님 : 그래. 화를 내면 어떤데?
> 미　나 : 기분이 나빠요.
> 선생님 : 너의 기분도 나쁘고 또 뭐가 나쁠까?
> 미　나 : 남의 기분도 나쁘고…. 음, 일도 잘 안 돼요.

그래서 화를 내면 무엇이 안 좋은지에 대해서 더 대화를 나누게 되었다.

선생님 : 미나야, 화는 대부분 남의 탓을 할 때 많이 생기더라. 화가 나려고 할 때 너의 마음을 잘 보렴. 그러면 화를 내지 않을 수 있단다.
미 나 : 네, 그런 것 같아요. 화내지 않도록 노력해 볼게요.

미나는 화를 자주 내는 자기 모습이 싫었지만 어떻게 해야 고칠 수 있는지를 모르기 때문에 답답한 마음을 가지고 있었다. 그러므로 무엇을 개선하고 싶으냐는 질문에 바로 '화를 잘 내요'라는 말이 나왔던 것 같다.

다음 날 아침, 출근하고 보니 미나가 보건실 앞에서 나를 기다리고 있었다. 나를 보던 미나는 밝게 웃음 띤 얼굴로 쪽지를 건네주면서 "선생님, 화나는 것을 참았어요." 하는 것이다. 쪽지에는 미나가 화를 참은 내용이 적혀 있었다.

전날 미나는 방과후 활동(외발 타기)을 마치고 피곤한 상태로 집에 왔는데 동생이 카드 게임을 같이 하자고 계속 졸라대었다고 한다. 미나는 피곤했기 때문에 하기 싫어 화가 나려고 했는데, 선생님이 화를 참아보라고 말씀하셨던 것이 생각나서 일단 억지로 참았다고 하였다. 그리고 그 순간, 미나는 아침에 등교하면서 동생에게 학교 갔다 와서 게임을 같이 하자고 약속했던 것이 생각났다고 했다. 미나는 '약속을 해 놓고 동생 탓하면서 짜증을 내려고 하다니' 하는 생각이 들면서 짜증 나려던 마음은 싹 달아나고 오히려 기쁘게 게임을 할 수 있었다면서 이것을 발견한 것이 너무 기뻤다고 했다. 이 말을 들은 나도 무척 기뻤다.

선생님 : (웃으면서) 미나야, 정말 잘했구나. 아마, 오늘 학교에서도 화가 날 일이 있을 거야. 그것도 참아 보고 한번 적어보렴.
미　　나 : (밝은 목소리로) 네, 선생님. 해 볼게요.

미나는 놀랍게도 그날 오후에 두 건의 사례를 가지고 왔다. 평소에는 습관처럼 남 탓하면서 화를 냈는데 자꾸 화내지 않으려고 노력을 하니, 그 상황에서 자신의 화내려고 하는 마음이 느껴졌고 그 순간 '화를 내지 말아야지' 하며 화가 나려는 마음을 참으려고 하니까 참아졌다고 행복해했다. 그러면서

미　　나 : (기쁜 모습으로) 선생님, 저 오늘 한 번도 화를 내지 않았어요. 정말 신기하고, 기분이 너무 좋아요.
선생님 : 그래, 미나야. 앞으로도 그렇게 마음을 잡아가면 되는 거야. 참 잘했다, 우리 미나.

나는 미나를 힘껏 안아주었다. 기뻐하는 미나를 보니 나도 정말 기뻤고 미나가 기특하기만 했다. 그러나 미나는 화내는 것이 습관

이 되었기 때문에 하루아침에 완전히 고치기란 쉬운 일이 아니었다. 따라서 지속적인 지도가 필요했다. 약 1주일 정도 지난 후 복도에서 미나가 친구와 이야기하는 것을 우연히 듣게 되었다.

미 나 : (인상을 쓰면서 친구를 향해) 얘는, 그게 아니라니까!! 합창부는 8시 20분에 시작하는 거야!
친 구 : (작은 소리로 기죽은 듯) 그래? 그렇구나.
선생님 : (미나와 친구 뒤에서) 미나야.
미 나 : (뒤를 돌아보며) 아, 선생님, 안녕하세요?
선생님 : 그래, 미나도 안녕?
미 나 : 네.
선생님 : 그런데 미나야, 내가 지나가다가 잠깐 들었는데, 지금 미나는 어떤 마음으로 친구랑 대화한 거야?
미 나 : (놀라며) 네?
선생님 : 혹시 짜증이 난 마음은 아니었어?
미 나 : (잠깐 생각하더니) 네, 그러네요. 짜증이 났었어요.
선생님 : 그래, 선생님이 듣기에도 그런 것 같더구나. 항상 생각하고 있어야 고쳐진단다. 알겠지?
미 나 : 네, 선생님.

그 일이 있었던 후 약 2~3주 뒤에도 급식실에서 점심을 먹고 나오다가 미나를 만났다.

미　　나 : 선생님, 요즘은 화가 나질 않아요.
선생님 : 그래? 화가 올라오는 마음을 잡은 거야? 아니면 아예 화가 나질 않은 거야?
미　　나 : 아예 화가 나질 않아요.
선생님 : 잘 되었네. 그렇게 자꾸 노력해가면 좋아진단다.

미나가 화를 내지 않으려고 노력하다 보니 기분 나쁠 일도 없어지고 미나 주변도 불편하게 만들지 않게 되어 자연히 평안한 상태가 된 것 같다. 그러나 아직은 방심하면 습관대로 돌아가기 쉬워지는 시기이므로 만날 때마다 인식하도록 지도를 잊지 않았다.
　그 후 한 달 정도 지난 어느 날 문득 생각이 나서

선생님 : 미나야, 요즘에도 짜증이 나지 않니?
미　　나 : (웃으면서) 네, 선생님. 짜증이 잘 안 나요.

그 후로 미나가 보건실에 찾아올 때마다 미나가 어떻게 하고 있는지 너무나 궁금했다. 그래서 마치 농부가 매일 밭에 가서 물을 주고 작물이 얼마나 자랐는지 보는 것처럼 물어보고 대화하고 고민을 서로 나누고, 실패했으면 다시 미나가 할 수 있는 쉬운 방법들을 함께 생각해보는 노력을 계속하게 되었다. 그런데 이것은 많은 시간과 노력이 필요한 일은 아니었다. 치료하면서 대화하였고, 미나가 친구 따라 놀러오면 그 때 물어보고 간단히 지도했다. 중요한 것은 내가 미나에게 늘 관심을 두고 있었다는 것이다. 늘 관심을 두고 있다 보니 미나의 상황이 그려지고 짧은 시간의 대화로도 추수지도가 충분히 되었던 것이다. 복도를 지나갈 때도 물어보며 짧게 조언했고, 미나가 친구들과 놀 때도 미나가 스스로의 모습을 발견하도록 도와주었고, 급식실에서 만나면 잠깐이라도 대화했다. 어느 때는 카톡으로도 지도했다. 이 모든 것은 사랑으로 하는 것이지 업무처럼 계획해서는 할 수 없는 일이었다.

그렇게 꾸준히 지도하다 보니 미나는 점점 달라졌다. 처음에는 달라지는 듯했다가 다시 예전 습관으로 돌아가기를 반복했다. 그러나 6개월 이상 지도하니 어느 정도 습관화되어 본인의 가치기준으로 굳어져 가고 있음을 알 수 있었다. 개인별로 시기의 차이는 있겠지만 교사가 포기하지 않는 한 학생은 변화된다. 그 변화는 결국 교사의 꾸준한 사랑에 비례하는 것이다.

옳은 것으로 채우게 하라
그러면 옳지 않은 것은 사라지게 된다

미나와 나는 가끔 카톡으로 대화하곤 했다. 어느 날 저녁 9시경에 메시지를 주고받다가

"미나야, 저녁은 먹었니?"
하니까
"아니요, 아빠가 아직 안 오셔서요."

하면서 아빠가 오셔야 밥을 해서 먹는다고 하였다. '그 시간까지 미나와 동생은 기다리느라고 배가 얼마나 고플까? 아빠도 늦은 시간에 돌아와서 얼마나 피곤할까?' 그런 생각이 들어서 이 부분에 대해서 미나와 대화를 하게 되었다.

선생님 : 미나야, 아빠 사랑하지? 아빠가 하루 종일 일하시고 밤늦게 들어오셔서 밥하실 때 어떠실까?
미　나 : 힘드시지요.
선생님 : 미나가 아빠를 돕는 방법은 없을까?
미　나 : 음…. 밥하는 거요? 저 밥 할 줄 알아요.
선생님 : 그래, 잘 되었구나.

대화 후에 미나는 아빠를 돕기 위해 저녁에 스스로 밥을 해보고 달걀부침도 해보겠다고 했다.

선생님 : 미나야, 그렇게 하면 누가 좋을까?
미　나 : 아빠요.
선생님 : 그래. 아빠가 좋아하시는 것을 보면 너는 어떻겠니?
미　나 : (활짝 웃으면서) 저도 좋지요.
선생님 : 그래. 아빠를 도와주는 것은 미나에게도 기쁜 일이 되는 거야.

그날 저녁에 미나는 밥과 달걀부침, 인터넷 레시피를 보고 만든 김치찌개를 사진으로 찍어서 나에게 보내왔다. 사진을 보는 순간, 이것을 만들기 위해서 미나가 얼마나 애썼을지 느껴져서 가슴이 뭉클했다.

그 후로도 미나는 가끔 아빠를 위해서 저녁 준비를 한다고 했다. 며칠 후 보건실에 와서 미나가 갑자기 이렇게 말했다.

"저는요, 나중에 커서 다른 사람을 도우면서 사는 사람이 되고 싶어요!"

도움받고 의존하려고만 하던 아이가 이제는 다른 사람을 돕는 사람이 되겠다고 하다니, 나는 이날 얼마나 기뻤는지 모른다. 아이가 올바르게 성장하는 것은 곧 가르치는 교사의 기쁨임을 다시 한번 절절히 느끼는 순간이었다.

미나가 점점 보건실을 찾지 않게 되었는데 그 시기를 살펴보니 미나가 아버지를 돕는 기쁨을 발견하고 "저는요, 나중에 커서 다른 사람을 도우면서 사는 사람이 되고 싶어요!"라고 말을 한 뒤부터였던 것 같다.

미나가 처음에 나에게 집착하면서 사랑받기를 갈구할 때는 보건실에 정말 자주 왔다. 물론 다 몸이 아파서였다. 그만큼 심리적인 것이 신체의 증상으로 나타났던 것이다. 그러던 미나가 아빠를 돕는 것이 기쁘다는 것을 체험하고 또 친구들과의 관계에서도 도와주려고 하는 마음으로 바뀌니 주변에 친구들이 많아지면서 행복해졌던 것이다. 결국 사랑하고 돕겠다는 옳은 가치기준으로 마음을 채우다 보니 예전의 사랑만 받고 싶어 하던 그 허전한 마음이 사라지고 다른 사람에게 매달리지 않게 된 것이다. 그것이 오히려 사랑받는 사람이 되는 길이었다.

우리가 흔히 누군가를 미워할 때 미워하지 않으려고 애를 쓰지만 잘 안 되는 경우가 있다. 그 때 아예 그 사람을 사랑하기로 마음먹고 돕고 위해주면 오히려 미워하는 그 괴로운 마음이 사라지게 된다. 미나의 경우가 그런 경우였던 것 같다. 미나가 학교에서 친구들과 친해지고 마음이 늘 풍성하게 되니 아프지도 않게 되었고 보건실에 오는 일도 줄어든 것이다.

 사랑하게 하라, 그러면 사랑받고자 하는 의존과 집착이 사라지게 된다.

부지런이란

자기 앞에 닥치는 모든 일을

미루지 않고 행하는 것이다

모든 일을 귀찮아하지 않고

자기가 할 일을 곧바로 행동으로

옮기는 것이다

솔루션
1. 눈 앞에 현실가능한 맞춤형 징검다리를
   놓아주어야 한다
2. 하이어라포로 성장욕구를 자극시켜야 한다
3. 아집이 아닌 옳은 가치기준으로
   의지와 의지의 싸움에서 승리하라
4. 학부모와도 하이어라포!
5. 콩나물에 물을 주듯이

ADHD 아이

나는 의사는 아니다. ADHD(Attention Deficit Hyperactivity Disorder, 주의력결핍과잉행동장애) 진단 방법이나 유전적 특질, 치료약 등을 전문적으로 잘 알지는 못한다. 교사로서 나의 목표는 보통의 선생님들이 바라는 것처럼, ADHD 학생을 포함한 모든 학생들이 공부를 재미있어 하고, 서로 다툼없이 사이좋게 지내며, 자신의 꿈과 비전을 향해 발전하고 성장하는 그런 교실과 학교를 만드는 것이다. 그러기 위해서 ADHD에 대해서 함께 나눠보는 것은 의미가 있을 것이다. 왜냐하면 여러 선생님들의 모임에 나가보면 각 반에 ADHD로 예상되는 학생들이 다수 있고, 그 아이들이 과잉 에너지로 친구들과 문제상황을 만들어 내고 있는 경우가 많기 때문이다. 나 역시 ADHD라고 병원에서 판정받은 아이를 만났을 때, 생활지도와 학습지도, 학부모와의 상담까지 신경 써야 하는 것이 많았다. 그 당시에는 최선을 다한다고 생각하면서 아이의 변화를 위해 매진했다. 퇴근하고 집에 가서도 이 아이에 대해 끊임없이 생각하면서 친구들과 싸우지 않게 할 방법, 공부에 집중하게 할 방법을 찾아보고 시도해보았다. 그리고 그 다음 해에도 나는 이 아이를 또 맡게 되었고, 2년 동안 지도하면서 많은 애정을 쏟아부었다. 그러다가 나와 지도 방향이 다르다고 여긴 학부모님이 아이를 학교에 보내지 않은 채 학교에 오셔서 나의 교육 방법에 대해 항의 아닌 항의도 하시고, 이로 인해 나는 연륜이 많은 선생님들께 너무 애쓰지 말라는 말도 듣게 되었다.

  나는 이렇게 최선을 다하고 있는데, 왜 학부모님은 만족스러워하지 않는가? 당시 학부모님은 내가 아이와의 교감 없이 아이를 고치려고만 하는 것으로 오해하셨다. 다행히 부모님이 아이에게 선생님이 좋은지 물어보았을 때 아이가 "선생님이 저를 잘되라고 가르쳐 주시는 거예요. 선생님이 저 걱정해서 그러는 거예요."라고 말을 해서 학부모님께서 속상했던 마음을 누그러뜨리셨지만, 나는 많은 생각을 하게 되었고, 많이 후회되었다. 왜냐하면 아이의 눈에는 내가 걱정을 하는 것이지 사랑하는 것으로 보이지 않았기 때문이었다. 아이를 사랑하는 마음을 더 자주 표현하고, 부모님과도 대화를 자주 했었더라면 이런 오해도 없었고, 아이에게 더 큰 도움이 되었을 텐데…. 그때의 나는 교육의 협력자인 학부모님과 아이의 교육 방법에 대해 나누고 공유해야 함을 알지 못했었다.

올해 또 다른 ADHD 아이를 맡게 되었다. 나는 작년의 아쉬움을 반복하지 않기 위해서 더 마음을 쏟고 사랑을 표현하고 대화도 자주 나누었다. 학부모님과 아이에 대한 내 생각과 지도 방향에 대해서도 말씀드리고, 그동안 아이를 통해 마음 고생하셨을 학부모님의 이야기도 들어드렸다. 학기 초반에는 나름대로 만족스러웠던 것 같았다. 하지만 차츰 아이가 주의 집중을 못 하는 시간이 길어지고 나와 친구들에게 화를 내고 짜증 내는 빈도가 높아졌다. 주의를 주어도 10분이 지속되지 못했다. 하루 종일 우리 반뿐만 아니라 옆 반 아이들과도 싸우고 다녔고 아이의 표정도 점점 어두워져서 나는 점점 고민이 깊어졌다. 왜 이렇게 되었을까? 그동안의 과정을 되짚어 보니, 나는 아이와의 좋은 관계에 만족하고, 그 외에 어떤 것도 하지 않았다는 것을 알게 되었다. 아이에게 종종 드러나는 짜증이나 원망을 긍정적인 생각으로 바꾸어주는 것을 놓치고 있었다.

아이와의 친밀감 형성이 우선 필요했다. 하지만 나는 아이들이 사회에 나가서 자신의 꿈을 성취하고 인격적으로도 성숙한 사회인으로 성장하도록 지도하고 싶었다. 그런데 왜 변화되지 못했을까? 그것은 바로 나 자신이 그 목표를 놓치고 있었기 때문이었다. 많은 업무에, 아이와의 좋은 관계 속에 스스로 눈을 가리고 만족하고 있었다. 잘못된 행동에 주의를 주거나 상담을 하기도 했지만, 아이의 내적 상태를 분명하게 바라보지 못하고 성장을 위해 깊이 있게 고민하지 못했다. 머리로는 '하이어라포'를 형성해야 한다는 것을 알고 있으면서도 현실로는 못했다. 아이들의 반응과 변화의 수준이 내 지도 역량의 수준이라는 것을 깨닫고 나 자신을 돌아보며 배워 가야 함을 뼈저리게 느끼게 되었다.

나는 진심으로 아이를 사랑하는가? 이해와 배려를 말하면서 나는 이해하고 배려하고 있는가? 아이들에게 지각하지 말고 성실하게 과제를 수행하라고 하면서 나는 그렇게 하고 있는가? 친구의 부족만 보지 말고 장점을 보라고 하면서 과연 나는 스스로를 성찰하고 있는가? 나는 학생들의 부족만 보고 있지는 않나? 그리고 변화되기를 진정으로 돕고 있는가? 이렇게 나 자신을 돌아보는 과정을 통해서 다양한 학생들을 만났을 때, 전보다 더 사랑하고 이해할 수 있는 교사로 성장하는 기쁨을 맛보게 되었다.

ADHD 아이는 보통의 교실 어디에나 있다

교사가 된 지 2년이 지났을 때였다. 학년 선생님들과 모임을 했는데, 한 선생님께서 본인의 학급에 ADHD 아이가 있다고 하셨다. 그 말을 들은 옆 반 선생님도 자기 반에도 ADHD 아동이 있다고 하셨고, 그 옆 반 선생님도 있다고 하셨다. 나는 그 자리에서 특별히 말

을 하지는 않았지만, 속으로는 'ADHD가 어떻게 여기저기 교실에
다 있지?'라고 생각하였다. 이제 경력이 10년을 넘어서고 보니 그때
그 선생님들의 입장이 이해되었다. 교사들은 매년 적게는 15명에서
많게는 30명의 아이들을 만난다. 그 아이들 중에는 다른 아이들과
비교했을 때, 주의력이 떨어지고 행동이 과한 학생들이 있다. 아마
도 선생님들이 이야기하셨던 ADHD는 이런 학생들을 염두에 두고
말했던 것 같다. 애니크 빈센트는 'ADHD가 뭔지 알려줄게!'라는 책
에서 전체 아동의 5%와 성인의 4% 정도는 ADHD에 해당한다고 한
다. 나도 매년 다른 아이들보다 유난히 충동적이면서 실수를 자주
하는 아이들을 만난다. 물론 그 아이들이 다 ADHD라는 것은 아니
다. 그런데 중요한 것은 넘치는 에너지로 학급을 즐겁게 만들기도
하고, 감정이 폭발하여 싸움으로 가기 쉬운 실제 우리 주변의 아이
들이라는 것이다. 교사로서 만날 수밖에 없으며, 깊이 있는 이해와
지도가 반드시 필요한 대상인 것이다.

병이면 어떠하며, 병이 아닌들 어떠하리, 우리 아이 잘 교육하여 화목한 교실 만들고저

　ADHD는 주의력 결핍 및 과잉 행동·충동성 증상을 주요 특징으
로 하는 신경학적 질환으로 미국정신의학협회(APA)가 발간하는 '정
신질환통계진단편람 제4판(Diagnostic and Statistical Manual of Disorder,

4th edition, DSM-Ⅳ)'에 명시된 ADHD 진단 기준을 적용한다. 진단 결과는 설문지에 대한 교사나 학부모님의 응답으로 결정된다. 이때 유의할 점은 적어도 두 가지 이상의 장소(가정, 학교, 직장 등)에서 6개월 이상 지속적으로 관찰된 결과여야만 한다. 그런데 이것은 교사와 학부모의 주관적인 관점에 따라 결과가 다르게 나올 수 있기 때문에 ADHD 진단에 대해서 다른 견해가 있다. 'ADHD는 없다(2013)'나 'ADHD는 병이 아니다(2012)'라는 책의 주장처럼, 아예 의학적인 근거가 없다는 주장도 있다.

결국 교사에게는 학교 또는 교실의 아이가 ADHD로 진단 받았든, 받지 않았든 교실 현장에서 잘 교육해야 할 대상임에는 변함이 없다. 이것이 본질이다. 그런데 교사들은 학생이 교실에서 충동적이고 부주의한 모습을 보게 되면 학부모님과 의사에게 ADHD인지 의심스럽다고 조심히 말한다. 만약 학부모님들께서 병원에 가서 검사하고 ADHD임을 진단받았다고 가정을 해보자. 아마도 약물치료를 권유받을 텐데, 다수의 ADHD 아이의 학부모님들은 약물치료에 대해 부정적으로 인식하고 있기 때문에 약물치료를 하다가 그만두는 경우도 많고 아예 처음부터 시작하지 않는 경우도 있다. 중요한 것은 약물 치료를 한다고 해도 ADHD 치료에 쓰이는 약들은 일시적으로 ADHD 증상을 완화하는 것일 뿐이므로 어차피 치료를 위해서는 효과적인 인지 전략 및 적응전략이 필요하다는 점이다. 학교에서는 아이가 약을 먹고 학교에 오든, 먹지 않고 오든 교사는 반드시 아이의 학습전략과 대인관계 향상 전략을 사용할 수 밖에 없는 상황인 것이다.

우리는 어쩌면 병명 진단에만 빠져서 정작 우리의 도움이 필요한 아이에게는 관심을 덜 가지고 있는 것은 아닐까? 'ADHD인가, 아닌가?', '약을 먹여야 하는가, 아닌가?'라고 고민하면서 말이다. 이것보다 교사에게 더 중요한 것은 '집중을 할 수 있게 어떻게 도울까?'와 '충동적인 행동을 인식하여 줄이게 하는 방법은 무엇인가?'인데도 말이다.

솔루션 1 :
눈앞에 현실 가능한 맞춤형 징검다리 놓아주기

ADHD인 영수는 초등학교 6학년인데 기말고사에서 평균 60점 정도 맞았다. 영수의 어머니는 이제 곧 중학교에 갈 영수가 성적이 낮아 고민이 많으셨고, 수학이나 사회 등의 숙제를 매일매일 내달라고 요구하셨다. 영수 어머니의 말씀 때문에 매일 수학 숙제를 내주었지만, 영수는 해오는 날보다 안 해오는 날이 더 많았다. 영수에게 하지 않은 이유를 물어보면 "몰라서 못 푼 거예요. 하려고 시도는 해보았어요. 너무 어려웠어요."라고 말했다. 그래서 수학 문제를 함께 풀어보니 영수는 심화 문제는 못 푸는 것이 맞았지만 기본 문제는 다 풀 수 있었다. "영수야, 이렇게 잘 푸는데 왜 못 푼다고 했니?"라고 물어보면 본인도 혼자서는 잘 풀지 못하겠다는 말만 반복적으로 하였다. 수업 시간에 영수를 관찰해보니 영수는 손가락으로 장난을 치거나 교과서의 다른 쪽을 읽느라 수업의 진행을 놓치는 경우가 너무 많았다. 그래서 영수를 맨 앞줄 책상에 앉게 하고 영수 앞에 서서 수업을 진행하거나 풀어야 하는 문제를 하나하나 짚어 주었다. 수학 문제 같은 경우는 첫 번째 문제를 풀고 손가락 장난에 빠지는 경우가 많아 세 문제를 풀 때까지 순차적으로 짚어준 적도 있었다. 그러면서 영수에게 "영수야, 선생님이 늘 옆에서 짚어 줄 수는 없잖아. 네가 스스로 할 수 있는 사람이 되어야지."라고 말하였다. 영수는 수학 문제에 대한 자신감이 조금씩 높아지면서 스스로 푸는 문제의 숫자가 늘어갔고 연말에 수학 평균이 70점대로 올라갔다. 다른 학생들과 비교하면 비교적 낮은 점수이지만 처음 수준에서는 평균 두 문제 정도 더 맞게 된 것이고 이는 그 아이의 집중력이 두 문제를 더 풀 수 있을 정도로 향상된 것을 의미했다. 나는 영수의 수학 점수가 오른 것도 기뻤지만, 노력을 통해 집중력이 향상된 것이 더 기뻤다.

집중력 향상을 위한 지도를 할 때는 현재 아이의 수준에서 한 발짝씩만 더 내디딜 수 있도록 돕는 것이 효과적이다. 그러면 아이들은 자존감이 향상되면서 집중력을 가져야겠다는 성취동기가 자연스럽게 향상된다.

솔루션 2 :
하이어라포로 성장 욕구 자극시키기

　ADHD는 크게 주의력 결핍만 나타나는 유형(ADD)과 과잉행동까지 나타나는 유형(ADHD)으로 나뉘는데, 영수는 과잉행동으로 주변 사람들과 큰 트러블을 겪는 전형적인 두 번째 타입이었다. 급식이 맛있어서 입안에 음식을 넣고 소리 지르다가 다른 사람 식판에 음식물이 튀기도 하고, 피구에서 지면 상대편 친구에게 소리를 지르면서 격하게 반응하다 보니 친구들이 황당해했다. 평상시에 걸을 때도 주위를 잘 살피지 않고 걸어서 넘어지기도 하고 친구들과 부딪히는 일들이 허다했다. 나는 친구들과 불화의 원인이 되는 영수의 과잉행동을 고쳐주기 위해 노력하였다. 피구할 때, 아웃될 때마다 소리를 지르는 것을 고쳐주기 위해 공 피하는 방법, 공 던지는 방법을 방과 후나 쉬는 시간에 연습하기도 하고, 울 때마다 피구의 룰을 다시 한번 떠올려주며 감정에 치우쳐 친구들과의 관계를 망치지 않도록 이성적으로 생각하는 방법을 가르쳐주었다. 영수도 이런 대화가 재미있는지 종종 "선생님, 쉬는 시간에 상담실에서 대화해볼까요?"라며 내게 물어오곤 하였다. 초반에 대화해줄 것이 너무 많아서 지치기도 했지만, 대화를 한 것들이 조금씩 고쳐지자 영수도 나도 신이 났다. 물론 한 번에 변화가 되지 않아서 피구하다 공을 맞고 아웃되었다고 교무실 앞에서 큰 소리로 운 적도 있었다. 이런 날은 영수와 대화를 해주지 않았다. 감정적으로 정리가 되지 않아서 우는 것과 울면서 생떼 쓰는 것은 다른데, 그날은 후자였기 때문이었다. 하이어라포는 단번에 되는 것이 아니고 꾸준한 상호작용 속에서 이루어지는데, 감정적으로 친하고 나를 사랑해준다고 여기면 아이들은 생떼를 부리는 경향이 있다. 이때 교육적인 목표를 놓치지 않아야 하이어라포를 형성할 수 있다. 교무실 앞에서 운다는 것은 교무실에 오시는 어떤 선생님이든지 본인을 보고 달래주기를 바라는 것이기 때문에 이런 모습을 명확히 진단하여 그에 맞는 대처를 하니 어린아이처럼 무작정 고집 피우는 것도 차츰 줄어들었다.

솔루션 3 :
옳은 가치기준으로 의지와 의지의 싸움에서 승리하기

영수는 감정적으로 본인이 원하는 것을 하지 못하면 고집을 피우고, 바닥에 내려가서 뒹굴며 소리를 질렀다. 하루는 자기소개 글을 써야 하는데, 쓰기 싫다고 하면서 유행가를 불러댔다. 나는 영수의 앞에 가서 다른 친구들에게 방해가 되니 부르지 말라고 했는데 영수는 연필을 집어던지면서 쓰기 싫다고 했다. 영수에게 연필을 다시 들라고 조용히 말했고, 연필을 들지 않으면 수업을 시작하지 않겠다고 말했다. 30분 넘게 영수에게 연필을 들라고 했고, 영수는 억지로 연필을 들고 나서는 책상에 엎드려 억울한 듯 큰소리로 울기 시작했다.

선생님 : 영수야, 왜 울어?

박영수 : 선생님이 절 울렸잖아요.

선생님 : 내가? 나는 연필 들라고 한건데…. 그럼 연필을 던지는 게 옳은 거야? 아니면 다 같이 공부할 때 같이 공부하는 것이 옳은 거야?

박영수 : (더 크게 울며)…….

선생님 : 대답하지 않아도 영수는 알고 있을 거야. 영수가 연필을 던져도 선생님이 가만히 있어야 해? 잘했다고 칭찬해야 해?

박영수 : (울음 소리가 잦아들며)…….

선생님 : 그건 아니겠지? 고쳐야 하는 거야. 영수가 잘 생각하면서 마음을 추스르기 바랄게요.

교사로서 다른 아이들이 기다리고 있는 상황에서 한 아이의 행동을 수정하기 위해 많은 시간을 할애하는 것은 어려운 일이다. 그래서 많은 선생님들이 나중에 교육을 해야겠다고 생각하면서 넘어가게 되고, 그 아이는 그 때의 상황이나 본인의 행동에 대한 기억이 흐릿해져 나중에는 교육하기가 어려워진다. 그래서 정말 교육이 필요

할 때는 다른 아이들에게 양해를 구하거나 다른 할 일을 주고 교육을 하는 것이 좋다. 이 날도 아이들에게 양해를 구하고, 영수를 계속 지도하였다.

그 다음 시간은 자신이 쓴 자기소개서를 발표하는 시간이었다. 그러나 영수는 순서가 왔어도 계속 울면서 발표를 거부했기 때문에 다음 아이로 넘어갔다. 영수가 연필을 주워서 자기 자리에 앉은 것만 해도 자존심이 상했을 것 같아서 발표하는 것은 다음 기회로 넘겼다. 연필을 던지면서 교사의 지시를 따르지 않는 것에 대해서는 그 다음에 지도하기로 하였던 것이다. 교사는 언제 단호하게 교육을 해야 할지 또 언제 기다리면서 교육을 해야 할지를 끊임없이 찾는 것이 중요하다. 그 과정 속에서 학생이 자신의 부족이나 잘못을 인지했음에도 불구하고 고치지 않으려고 고집을 피울 때는 교사는 옳은 가치기준을 세워주겠다는 강한 의지로 이겨나가야 한다. 이것은 학생과 교사와의 보이지 않는 의지의 대결이다. 이 대결에서 승리를 해야만 하이어라포를 형성할 수 있게 된다. 좀 더 구체적으로 말하면, 라포가 형성되었을 때는 학생들의 내면에 있던 잘못된 생각이 자연스럽게 드러나는데, 그 때가 옳은 가치기준을 세워주는 교육이 시작되어야 할 결정적 시점이다. 진정한 내적인 변화 즉, '인성' 교육을 시작할 수 있게 되는 것이다.

또한 이 의지의 대결은 내 안에서도 이루어진다. 말을 안 듣는

ADHD 학생을 내버려두고 싶은 마음과 어떤 학생이 와도 사랑으로 돕겠다는 두 생각의 충돌이다. 이 의지의 대결에서 승리하지 않으면 아이와 함께하는 순간들이 어렵거나 불편해진다. 일 년을 힘들게 버텼다하더라도 그 아이와 비슷한 성향을 가진 또 다른 아이들을 만나게 되므로 어려움은 사라지지 않는다. 따라서 교사는 내 안과 밖의 의지의 대결에서 반드시 승리해야 한다.

솔루션 4 :
학부모와도 하이어라포!

영수의 어머니는 5학년인 영수를 매일 교실까지 데려다주셨다. 교실에 오셔서는 가방을 책상에 걸고, 교과서와 노트를 책상 서랍에 넣고 돌아가셨다. 나는 일주일이 지나고부터 영수 어머니께 영수 스스로 학교에 올 수 있게 하는 것이 좋겠다는 말씀을 드렸다. 어머니께서는 아이가 혼자서는 너무 늦게 걸어서 지각할 수도 있는 데다가, 다리가 아파서 힘들어하기 때문에 같이 올 수 밖에 없다고 하셨다. 학부모님의 의견이 강하셔서 우선은 더 말씀드리지 않고 영수의 학교생활을 지켜보았더니, 잘 뛰어다니는 것을 관찰할 수 있었다. 그래서 다시 한 번 시간을 내서 말씀드리게 되었다.

교　사 : 영수 어머니, 학교에서 지켜보니 영수가 체육 시간에도 잘 뛰고,

쉬는 시간이나 점심시간도 곧잘 뛰어다니더라고요. 다리가 아픈 것은 아닌 것 같아요. 그리고 혼자 갈 때 너무 늦게 걷는 것도 고쳐야 할 점이라고 생각해요. 왜냐하면 영수가 제 시간에 맞추는 것을 배워야 하기 때문이에요.

어머니 : 아이가 아직 너무 어려서요.

교 사 : 영수 어머니, 이제 5학년이니까 스스로 할 수 있는 나이입니다. 이제 곧 중학교도 올라가야 하는데, 지금부터 연습해야 할 거에요.

어머니 : ……

교 사 : 어머니, 어머니도 그동안 아침 차리고 먹이고 얼마나 바쁘세요. 그런데 학교까지 데리고 오느라 고생 많으셨지요? 이제는 아이도 독립적으로 생활하도록 도와주시고, 어머니께서도 자유로우셔야지요. 영수가 독립적인 아이가 되도록 교육을 하면 어머니와 영수 모두 자유로워질 수 있어요.

어머니 : (마지못해) 네… 그럼 한번 해볼게요…

그 다음날, 영수의 어머니는 교실까지는 데려다주지 않았지만 학교의 정문까지 데려다주었다. 어머니도 마음이 한 번에 놓이지는 않았을 것이다. 영수의 어머니께서 영수를 데려다주지 않게 되기까지 일 년이 걸렸다. 영수 어머니의 마음이 편해지도록 학교에서 일인일역을 담당하게 된 것, 교실에 와서 스스로 가방을 정리하게 된 것 등을 말씀드리게 되었다. 영수가 집에서의 생활모습과 학교에서의 생활모습이 다르기 때문에 영수 어머니께서 마음이 놓이지 않을 수도 있기 때문이었다.

학부모님과의 관계는 교사로서 쉽지 않은 관계일 수도 있다. 나도 학부모님들과 관계가 부담스럽게 느껴지지 않은 것은 최근이 되어서이다. 처음에는 아이들을 바르게 지도하고 싶고, 나쁜 습관들은 고쳐주어야 한다는 의무감으로 학부모님께 전화를 했다. 그럴 때 학부모님의 반응은 "우리 아이가 뭘 잘못했나요?"라며 긴장하면서 방어상태가 되시는 것이 느껴지면서 아이의 교육에 대해 허심탄회하게 대화가 되지 않았다. '무엇이 문제일까? 어떻게 하면 학부모님들이 긴장하시지 않을까?' 고민하면서 이유를 찾아보니 내가 문제가 생길 때만 학부모님께 연락했다는 것을 알게 되었다. 그래서 이제는 사소하게라도 기쁜 일이 있을 때나 뭔가 아이에 대해 새로운 것을 알게 되었을 때마다 학부모님들께 연락을 드리게 되었다. 그랬더니 학부모님들께서 아이의 학교생활에 대한 궁금증이나 고민에 대해서 편하게 털어놓으시고 내가 말하는 아이의 단점에 대해서 오해 없이 들을 수 있게 되었다. 가끔 부모님께 아이의 학교생활을 말씀드려야 할 때, 아이의 좋은 점이 보이지 않는 경우가 있었다. 그 때는 의식적으로 그런 아이들에게 더욱 세밀한 관심을 가지려고 노력했다. 아이의 현재 수준을 정확히 파악하려고 노력했고, 아주 미미하게라도 성장하거나 변했을 경우, 칭찬하고 격려해줬다. 잘 몰랐던 학생의 장점을 발견하면 숨겨진 보석을 찾아낸 것처럼 정말 기뻤다. 이런 과정을 한 해 두 해 반복하다보니 학부모님과의 대화가 어렵지 않게 되었다.

학부모님들과 교사가 서로 아이의 교육에 대해 도울 수 있는 조력자가 되기 위해서는 서로의 마음에 대해서 충분히 나누고 공감할 수 있도록 라포를 형성하는 것이 중요하다. 틈틈이 좋은 점, 잘한 점, 학교생활, 가정생활에 대해서 나누면 편안하게 소통할 수 있는 기회가 온다. 그런 가운데서 아이의 개선할 점에 대해 대화를 나누게 되면, 부모님들도 자연스럽게 아이의 전인적인 성장에 초점을 맞출 수 있게 된다. 부모님들은 아이들의 의식의 변화와 성장을 간절히 원하기 때문에 교사가 부모님 스스로 인식하지 못한 아이의 부족한 점을 말할 경우, 처음에는 조금 놀랄 수 있지만, 교사가 아이를 위하고 사랑하는 모습을 꾸준히 보이고 학부모님을 존중하며 아이를 위해서 소통한다면 하이어라포를 형성할 수 있게 된다.

솔루션 5 :
콩나물에 물을 주듯이

ADHD 학생들은 주의력이 결핍되어 있기 때문에 다른 사람들의 말을 주의 깊게 듣기를 어려워한다. 그래서 교사가 중요한 사항에 대해서 세 번 넘게 말한 것도 또다시 물어보거나, 본인이 질문하고는 교사가 대답하는 동안 듣지 않고 딴 생각하는 경우도 있고, 교사와 일대일 대화 중에도 딴 짓을 하곤 한다. 그래서 끊임없이 했던 말을 또 하게 된다. 그럴 때 교사는 지친다. 게다가 놀이나 스포츠는 대개 승패가 갈리게 되는데, 질 때마다 격한 반응으로 주위의 사람들과 사이가 나빠져서 교사가 중재자로 나서야 할 때가 많다. 결국은 쉬는 시간 중 상당히 많은 부분을 ADHD 학생에게 집중하게 되었다.

※ 사회 시간에 인권에 관해 공부하던 중

영수 : 선생님, 누구나 인권이 있다고 했는데, 저는 인권침해를 당하는 것 같아요.

교사 : 왜 그렇게 생각하지?

영수 : 엄마가 게임 하고 싶은데 게임 못하게 해요.

교사 : 할 것 다 하고 게임했는데도 게임을 못 하게 하시니?

영수 : (사회책에 있는 한 사진에 낙서하고 있다.)

교사 : 영수야, 영수야

영수 : (한참 만에) 네?

교사 : 우리 인권에 대해 말하고 있었는데… 선생님께 질문하고 낙서를 하고 있었어?

영수 : (배시시 웃으며) 네…

교사 : 네가 인권침해 당하는 것 같다면서…

영수 : (갑자기 진지해지며) 네, 저는 인권침해를 당하고 있어요.

교사 : 그래서 선생님이 물어본거야. 할 것 다 하고 게임을 했니?

영수 : 그런 것 같은데…

교사 : 그래? 보통은 부모님께서 할 것 다 하시면 칭찬해주시면서 상으로 게임을 하게 허락하시던데…? 네 부모님은 아니셔?

영수 : 맞아요. 책을 30분 읽으면 게임을 한 시간 할 수 있어요.

교사 : 그래? 그럼 게임을 못 하게 하실 때는 네가 책을 안 읽은 것이 아니니?

영수 : 그건 그렇지만, 게임을 너무 하고 싶었단 말이에요.

교사 : 영수야, 지금은 수업 시간이니까 쉬는 시간에 더 이야기할까? 이 문제는 인권침해보다는 성실의 문제 같구나.

※ 쉬는 시간

영수 : 선생님, 쉬는 시간이에요. 우리 대화해야 하잖아요.

교사 : 그래, 생각해봤니? 선생님이 보기에는 인권침해 상황이 아니라 성실하냐, 게으르냐의 상황이라고 생각하는데?

영수 : 네? (과장되게 어깨를 으쓱하며) 인권침해 상황이 아니라 성실의 상황이라고요?

교사 : 그래. 네가 게으르게 되도록 놔두는 것이 인권 존중이라고 생각해?

영수 : 자유가 있어야 하잖아요.

교사 : 그렇지. 자유가 중요하지. 그러면 네가 훔치고 싶으면 훔치고, 사람 때리고 싶으면 때리라고 해도 될까? 인권이 자유니까?

영수 : 아니요.

교사 : 왜 아니지?

영수 : 훔치면 교도소 가잖아요.

교사 : 그렇지. 자유라는 것은 옳은 것, 선한 것을 할 때 얻을 수 있는 거야.

영수 : 그럼, 인권침해가 아니군요.

※ 2주 뒤

영수 : 선생님, 오늘 철수가 인권 침해했어요.

교사 : 그래? 왜 그렇게 생각하는데?

영수 : 철수가 피구하는데 저만 맞췄어요.

교사 : 피구할 때 상대편을 맞추어 아웃시키는 것이 규칙인데, 너를 맞추었다고 인권침해일까?

영수 : (소리를 지르며) 저만 맞춘다고요.

교사 : 그래? 그럼, 너는 철수가 너만 고의로 맞추고, 다른 아이는 맞추지 않았다는 것이니?

영수 : 다른 아이도 맞췄지만… 제가 맞추지 말라고 말했는데도 맞췄어요.

교사 : 그럼, 영수는 상대편이 맞추지 말라고 하면 안 맞출 거야?

영수 : 네!

교사 : 그래? 저번에 보니까 네가 철수를 맞추던걸?

영수 : 제가 철수를 맞추는 것보다 철수가 절 맞추는 것이 더 많아요.

교사 : 결국, 너도 맞췄잖아. 영수야, 영수도 철수 맞추었으니까 인권 침해한 거야?

영수 : ……

교사 : 영수야, 영수도 인권 침해한 거야?

영수 : ……

교사 : 영수야, 인권침해 아니지?

영수 : (힘없이) 네…

교사 : 영수야, 피구에서 오랫동안 남아있고 싶지?

영수 : 네.

교사 : 그럼, 선생님이 피구에서 오래 살아남는 비법을 알려줄게.

영수 : 네.

교사 : 영수야, 피구할 때 던지는 사람을 피해서 등을 돌리고 도망가더라. 공을 들고 있는 사람에게 등을 보이면 아웃될 수 있어. 무서워도 눈은 크게 뜨고 계속 쳐다봐야지 공이 와도 피할 수 있어. 그리고 제일 좋은 방법은 소극적으로 도망 다니는 것보다는 적극적으로 공을 받으면서 공격하는 거야.

영수 : 네.

영수는 자신에게 불리할 때마다 사회시간에 배운 인권침해라는 단어를 사용하며 자기 마음대로 하려는 것이 많았다. 그때마다 정확한 개념을 재정립시켜주었다. 표면적으로 보면 똑같은 말의 무한 반복으로 보일지도 모르겠다. 나는 그런 상황에서 성과가 바로 드러나지 않아 그만두고 싶기도 했다. 하지만 콩나물시루에 물을 부었을 때 다 빠져나가는 것처럼 보이지만, 어느 순간 콩나물이 시루에 넘치도록 커진다는 비유를 생각하며 교육을 계속해 나갔다. 결국 교사가 언젠가는 학생이 변화한다는 믿음을 갖는 것이 필요하다고 생각한다. 이런 믿음을 바탕으로 아이에게 맞는 지도 방법을 찾는 것을 멈추지 않으면 아이들은 분명히 달라지기 때문이다. 나는 이것이 교사가 인성 지도의 효과에 대한 의심 없이, 교육에 대한 열정을 강화하는 원동력이라고 믿는다.

성실(誠實)이란

한마디로 꾸준함이다

즉 마음을 쏟아 반복하여

실천하는 능력을

의미한다

친구를 미워하고

자기식대로 오해하는 행동을 함으로

친구가 나를 떠나가도록 만들고 있었던 것이다

그래서 바램과는 다르게 행동하고

있음을 알게 해 주었다

단짝 친구에 집착하는 아이

단짝 친구를 잃어버릴 것 같아요

미진이는 4학년 여학생이다.

어느 날 미진이가 울면서 담임교사와 함께 보건실에 왔고 담임교사가 일단 안정실에서 좀 쉬게 해달라고 해서 눕게 했다. 그러고 나서 담임교사에게서 메시지가 왔는데 다음과 같았다.

담임교사 : 미진이는 피해의식이 많은 아이예요. 어머님이 안 계시고 아버님과 함께 사는데 피해 의식이 강해서 친구 대부분이 좋아하지 않아요. 그런 와중에 수지라는 아이가 함께 놀아주니 그 아이에게만 집착하다가 오늘 사건이 있었는데요. 수지가 책

을 잃어버리자 미진이가 자기 책을 수지에게 주었고, 미진이는 혜리라는 다른 친구의 책을 훔친 것이 오늘 탄로 난 거예요. 그런데 혜리가 그 이야기를 반 전체 아이들 앞에서 하는 바람에, 미진이는 친구들에게 도둑이라고 놀림 받을까 봐 엄청나게 울어서 지금 더 많이 아픈 거예요.

혜리는 내게만 살짝 얘기해도 되는데, 아직 어려서 상황을 모르고 그랬던 것 같고요. 그래서 제가 전체 아이들에게 "미진이가 수지를 너무 좋아해서 그런 거야. 앞으로는 그러지 않겠다고 했으니 너희들도 놀리지 말아라!" 했는데도 미진이는 계속 걱정이 되나 봐요.

초등학교 고학년이 되면 친구 관계가 아주 중요한 위치를 차지하게 된다. 특히 여학생들에게는 단짝 친구나 패거리가 생겨서 친하게 지내는 친구들이 있는가 하면 반대로 서로 경쟁 관계에 있는 친구들이 있게 되면서 교우관계에 스트레스를 많이 받는 학생들을 자주 보게 된다.

그 시기의 아이들에게는 친구가 가장 소중하다 보니 교우관계에서 오는 스트레스는 그 무엇보다도 괴로운 일이 되곤 한다. 그런데 친구를 잘 사귀는 학생들은 교우관계의 스트레스에 잘 적응하는데, 친구를 사귀는 데 어려움이 있는 학생들의 경우는 단짝 친구에게만 집착하는 경향이 있다.

오늘 미진이도 그런 고민이 시작되는 아이였다. 단짝 친구를 잃어버릴까 봐 결과적으로 도둑질까지 하게 된 상황이 벌어진 것이다.

이런 학생들은 상대방을 이해하면서 자기 자신의 왜곡된 생각과 마음들을 동시에 고쳐가도록 도와주면 이 시기를 잘 극복할 수 있게 된다.

옳은 것과 옳지 않은 것도 알려 주어야 알 수 있다

미진이가 진정되는 것을 보고 미진이에게 다가갔다.

교사 : 미진아, 어떠니?
미진 : 조금 괜찮아졌어요.
교사 : 많이 울었다면서? 얘기 들었다. 그래서 머리가 아픈 거였네.
미진 : 네~
교사 : 미진이는 오늘 일을 통해서 무슨 생각을 하게 되었어?
미진 : 다시는 그렇게 해서는 안 되겠다고 생각을 했어요.
교사 : 그렇게 해서는 안 되겠다는 게 뭔데?
미진 : 내 책을 남을 주고 나는 친구의 책을 가져오고 한 거요.
교사 : 왜 그렇게 하면 안 되는데?
미진 : 잘 모르겠어요. 그게 무엇이 나쁜지 잘 모르겠어요. 그러나 고쳐

야겠어요.

'남의 물건을 훔치는 것이 나쁜 행동이라는 것 정도는 당연히 알고 있겠지…'라는 전제로 대화하면, 교사는 아이의 속생각(무엇을 알고 있고 무엇을 모르고 있는지)을 정확히 진단하지 못하게 된다. 그 결과 아이는 자기 속에 옳은 가치관이 세워지지 않아서 똑같은 잘못을 반복하게 되거나, 감정적으로 미움, 억울함, 원망 등을 쌓아가며 부정적인 아이로 성장하게 된다.

미진이의 경우도 그 당시에 자기 행동이 왜 잘못인지를 잘 모르고 있었다. 혜리가 먼저 내 것을 훔쳤으므로 나도 똑같이 훔친건데.. 왜 내 행동만 나쁘다고 하는지, 억울하다는 감정이 뒤섞여 있었던 것이다. 그러므로 교사는 "왜 그렇게 해야 해?" 또는 "왜 그렇게 하면 안 되는 건데?"등의 질문을 통해, 아이가 무엇을 모르고 있는지를 먼저 진단하고, 그에 맞추어 옳은 것과 옳지 않은 것을 잘 분별할 수 있도록 도와주는 것이 무엇보다 중요하다.

교사 : 그런데 왜 그렇게 울었던 거야?
미진 : 그게요. (또 울먹거리며) 혜리가요… 저를 계속 놀리고 괴롭히는 아이예요.

교사 : 그래서 혜리를 평소에 미워했구나~?

미진 : 네, 혜리도 전에 제 것 가지고 간 적 있었어요. 그래서 제가 그렇게 한 거예요. 그런데 제가 이번 일을 사과하고 용서를 빌었는데… 선생님께 다 일러바칠 줄은 몰랐어요.

교사 : 그랬구나. 복수를 한 거였구나. 그래서 지금도 혜리가 선생님께 일러바친 것이 원망스럽니~?

미진 : 네

교사 : 미진아, 그렇게 복수를 하고 나니 누구 손해인 것 같니?

미진 : 저요.

교사 : 그래, 미진아~ 남의 물건을 훔치는 것은 옳은 것일까, 옳지 않은 것일까?

미진 : 옳지 않은 거예요.

교사 : 그래, 미진이는 지금 옳지 않은 일을 한 거야. 옳은 일은 선이라고 하고 옳지 않은 일은 악이라고 해. 악한 것에 악하게 복수하면 결과도 좋지 않게 나온단다. 악한 것은 선하게 풀면 선하게 결과가 나오고 옳게 풀면 옳게 결과가 나오지… 이번 일도 친구가 나를 괴롭히고 내 것을 빼앗았다고 나도 똑같이 하니까 내게 울 일만 생기고 창피하고 그렇잖아? 이제 미진이가 무엇을 잘못했는지 알겠니?

미진 : 네.

친구가 많아지는 비결, 돕고 위하고 사랑하라

교사 : 상대방이 내게 악하게 행동해도 나는 그렇게 하지 않으면 친구들이 많이 생기게 되어있어. 미진이는 친구가 많은 것이 좋지 않니?

미진 : 좋지요. 그런데 그게 잘 안 돼요. 믿을 만한 친구가 별로 없어요.

교사 : 그렇구나. 그런데 상대방이 믿을만하지 못해도 내가 그들에게 믿을만한 사람이 되면 친구들은 나를 좋아해. 친구를 가려 사귀지 말고 다 돕고 위하고 친하게 지내보는 거야.

미진 : 아까 여기에 왔던 친구 한 명은 입이 가벼워요. 아까도 제 친구 수지와 이야기를 할 때 1~2초 후에 그 아이가 왔는데 들었을까 봐 걱정이에요. 들어서 또 다른 애들에게 이야기할지도 모르겠어요.

교사 : 그래? 너와 친구가 옳은 이야기를 했다면 무엇이 걱정이겠니? 오히려 그렇게 입이 가벼운 아이가 너희를 홍보해 주니 더 좋지. 문제는 너와 친구가 옳은 이야기를 안 하니까 그런 아이가 두려운 거야. 누가 있든 없든, 늘 옳은 생각, 옳은 말, 옳은 행동을 하게 되면 어떤 아이가 내게 가까이 와도 전혀 두렵거나 걱정될 일이 아니지. 오히려 나를 좋게 광고해 주니 고맙지. 안 그래?

미진 : 그러네요.

교사 : 그러니까 중요한 것은 누구야?

미진 : 저네요.

교사 : 그렇지. 네가 어떤 사람이 되느냐가 중요한 거야. 늘 좋은 생각만 하면 어떤 친구가 와도 상관없게 되는 거지. 생각에 따라 사람들은 말하고 행동하게 되어 있거든.

미진 : 어떻게 그렇게 해요~~?

교사 : 자꾸 노력하면 돼. 우리 사람에게는 누구에게나 옳은 생각과 옳지 않은 생각이 떠오른단다. 그때마다 옳은 생각만 잡으면 돼. 옳은 생각을 자꾸 하다 보면 옳은 사람이 되고, 옳지 않은 생각을 많이 하면 옳지 않은 사람으로 변해가거든. 예를 들어 미진이가 항상 친구들을 돕고 위하고 사랑하는 옳은 사람이 되면 주변에 아이들이 나랑 친구 하자고 많이 몰려올 거야. 어때 좋지 않니?

미진 : 좋아요.^^

교사 : 그래, 그렇게 해보는 거야!! 머리 아픈 것은 좀 어떠니?

미진 : 괜찮아요.^^

미진이는 친구를 어떻게 사귀는 건지 잘 모르고 있었다. 친구가 많으면 좋겠다고 생각은 하면서도, 오히려 친구를 미워하고 자기식대로 오해하는 행동을 함으로 친구가 나를 떠나가도록 만들고 있었다. 그래서 미진이의 바람과는 다르게 행동하고 있음을 알게 해 주었다.

대화를 마친 후 미진이는 몸이 괜찮아져서 교실로 돌아갔다.

4학년인 미진이는 그동안 성장하면서 나름대로 생각해오던 습관이 있어서 하루아침에 바뀌지는 않으리라 생각했다. 그래서 지속적으로 지도해 줄 필요를 느꼈다.

마음은 움직이는 거야

며칠 뒤 미진이가 또 머리가 아프다고 울면서 보건실로 왔다.

미진 : (울면서) 머리가 아파요

교사 : 머리가 아파서 우는 거니?

미진 : (더욱 흐느껴 울면서) 그건 아니구요…

교사 : 그럼, 무슨 일이 있는 거니?

미진 : 네.

교사 : 친구 문제니?

미진 : 네

교사 : 단짝 친구와 관련된 일이니?

미진 : 네

교사 : 단짝 친구(수지)가 헤어지재?

미진 : 아니요. 수지가 민지와 함께 놀면서부터 자기네끼리 규칙을 만들고 제 이야기는 안 듣고 그래요.

교사 : 그럼, 수지가 네 말보다 민지의 말을 더 잘 듣는다는 이야기니?

미진 : 네.

교사 : 왜 그런 것 같은데?

미진 : 모르겠어요. 민지와 놀기 전에는 제 이야기도 잘 듣고 나하고만 잘 놀았는데… 이제는 민지와 같이 있을 때는 제게 뭐라 뭐라 하고 그래요. 수지를 잃은 것 같아요.

교사 : 그럼, 미진이는 수지가 평생 미진이만 좋아하기를 바라는 거니?

미진 : 그건 아니지만…

교사 : 미진아~ 사람의 마음은 움직이는 거란다. 더 좋은 사람에게 가게

되어 있어. 이것은 막을 수가 없는 거란다. 나만 좋아하라고 요구하면 그 사람은 너에게 부담을 느끼면서 더 다가오지 않게 되어 있어.

미진 : 네.

교사 : 그럼 어떻게 해야 하겠니?

미진 : 저는 수지와 친하게 지내고 싶은데…

교사 : 그렇지… 그러려면 수지가 보기에 네가 민지보다 더 나으면 되지. 네가 생각할 때 민지가 너보다 무엇이 나은 것 같으니?

미진 : 글쎄요. 공부?

교사 : 그럼, 수지가 공부 때문에 민지를 더 좋아하는 것 같은 거야?

미진 : 그건 아닌 것 같은데… 생각이 안 나요.

교사 : 그럼, 한번 생각을 해 보고 찾아보는 것이 좋을 것 같구나. 우선은 수지가 민지의 어떤 모습을 좋아하고 기뻐하는지를 잘 살펴보는 거야. 그러면서 내게 부족한 것이 뭔지를 찾아서 그것을 개선하면 된단다. 친구들이 슬쩍 지나가면서 네게 하는 말들을 그냥 넘기지 말고 다 고치려고 하면 너는 멋진 사람이 되어갈 거야.

미진 : 네~

교사 : 그리고 수지 한 사람만 사귀려고 하지 않는 것이 좋겠다. 수지만 바라보면 미진이가 너무 힘들어지고… 또 수지도 힘들어할 수 있

　　　　어. 친구를 두루두루 사귀는 것이 좋아. 그러려면 친구들이 좋아
　　　　할 만한 사람이 되어야지. 그러면 친구들도 나에게 다가오겠지?

미진 : 네.

교사 : 내가 듣기론 친구가 수지밖에 없다고 들었는데…

미진 : 네. 맞아요

교사 : 그럼, 다른 친구들이 너와 놀지 않는 이유가 뭐라고 생각하니?

미진 : 몰라요.

교사 : 그럼, 미진아~ 친구들이 좋아하지 않을 만한 이유를 너 자신에게
　　　　서 하나만 찾아서 내일 가지고 와 볼래? 선생님과 함께 노력해보
　　　　자.

미진 : 네.

교사 : 머리 아픈 것은 어때? 약 먹을래?

미진 : 많이 좋아졌어요. 안 먹어도 될 것 같아요.

　단짝 친구에 매달리는 아이들이 겪게 되는 상실감이 미진이에게 온 것이었다. 그래서 두 가지 방법으로 안내를 해 주었다. 첫째는 사람의 마음은 움직이는 것이 당연하니 상대의 마음이 내게 오게 하려면 내가 어떤 사람이 되어야 하는지에 대해서 대화했다. 둘째는 한 사람과만 사귀게 되면 나도 상대도 서로 힘들어지니 두루두루 사귀는 것이 좋으며, 그러려면 친구들이 나에게 다가오지 않는 이

유가 무엇인지를 찾아서 내가 먼저 개선하면 얼마나 좋을지를 알게 도와주었다.

다음 날 미진이는 친구들이 자신을 좋아하지 않는 이유를 바로 발견하지는 못했다. 그렇지만 그 이후로도 미진이와 꾸준히 대화를 나누면서 미진이가 그것을 스스로 인식하고 개선할 수 있도록 도와주었다. 그랬더니 조금씩 자신감이 생기는 것 같았고 어느 날은 보건실에 친구들을 데리고 오기도 했다.

우리는 모두 사랑을 받고 싶어 한다. 그리고 그 가운데서 마음에 위로를 받고 존재감과 소속감을 얻고자 한다. 그러나 바라는 대로 사랑이 오지 않으면 괴로움에 빠져서 어떻게 살아가야 할지 방향성을 잃게 되는 경우를 너무 많이 보게 된다.

"사랑받고 싶으면 내가 먼저 돕고 위하고 사랑하면 된다!"라는 가치관의 방향을 교사가 분명히 알고 있다면, 미진이와 나눈 대화의 예처럼 진실한 사랑의 마음으로 학생의 속생각을 바로잡아줄 수 있다. 학생의 가치관을 바로잡아주는 과정에서 교사 또한 자기 삶 속에서 의식성장을 이루어낼 수 있어야 한다. 그렇지 않으면 의무감에서 하는 교육은 교사를 쉽게 지치고 짜증 나게 할 것이며 교사의 삶의 질이 현저하게 떨어질 것이다.

교사가 학생을 진실하게 돕고 위하는 과정에서 이해하는 폭이 넓어져서 여유로워지고, 이타적인 사랑의 마음이 생기는 기쁨을 동시에 느껴가게 되면, 학생을 돕는 것이 곧 교사 자신을 성장하도록 돕는 길이었음을 깨닫게 될 것이다.

내 생각대로
판단하여
단정 내리지 말기

게임에 과몰입하는 아이

아이를 믿지만, 모든 가능성은 열어놓는다

2학년 정우는 새 학년 시작인 3월 첫째 주부터 계속 지각을 했다. 1학기 상담주간을 맞아 맞벌이 중이신 정우의 어머니와 전화상담을 하며 지각에 대해 여쭤보니 늦지 않게 넉넉하게 집을 나갔는데 이상하다고 말씀하셨다. 정우는 집에서 등교 시간에 맞춰 나가는데 학교에는 10분에서 20분 정도 늦게 왔고, 쉬는 시간에도 화장실에 갔다가 늦게 와서 수업 시작한 지 10분이나 20분 정도 늦게 들어왔다. 정우에게 물어보면 아이는 '학교 도서관에서 책을 빌렸는데 사람이 많아서 늦었어요. 화장실에 사람이 많아서 늦었어요' 이런 말을 반복해서 했다. 석연치 않았지만, 우선은 아이의 말을 믿어주었다. 그 이후에도 수업이 시작되었는데 정우가 오지 않아서 "남자 화장실에 학생들이 또 그렇게 많니?"라고 다른 학생들에게 물어보자, "걔 아마 어디 구석에서 게임하고 있을 거예요. 아침에도 학교 운동장 벤치에 혼자 앉아서 게임을 하더라구요."라는 대답으로 문제의 원인에 대한 정보를 얻게 되었다.

보통 아이들이 잘못된 행동을 했을 때 부모나 선생님에게 둘러대는 말을 하거나 변명이나 핑계 또는 사실과 다른 말을 하기도 한다. 이 때 사실대로 말하라고 다그치다가는 아이들과의 라포가 생기기도 전에 부정적인 관계를 맺게 되기도 한다. 따라서 우선은 아이의 말을 믿어주고 모든 가능성을 열어두면서 최고의 좋은 상황과 최악의 상황을 모두 생각해두어야 한다. 너무나 사랑스러웠던 아이들이 바람대로 훌륭하게 자라는 경우도 있지만, 반대로 전혀 예상치 못했던 일들을 벌이기도 하기 때문이다. 교육자는 아이를 믿어주되, 아이의 삶과 생활을 지켜보면서 아이와 깊은 대화를 할 수 있는 데이터를 수집(프로파일링)해 놓는 것이 중요하다. 이 데이터는 나중에 가치기준을 세워줄 때나 추수지도할 때 큰 도움이 될 수 있다.

혼내지 말고 아이와 대화하라
행동을 통제하는 것보다 아이의 마음을 바꾸는 것이 더 쉬운 길이다

그래서 나는 '정우를 어떻게 도와줘야 할까~?' 라는 고민을 하게 되었다. 평소에 정우는 늦게 오는 것을 심각하게 여기지 않은 데다가 거짓말로 둘러대는 것을 잘하기 때문에 자칫 잘못 질문하면 더 큰 거짓말을 하거나, 교사의 눈에 띄지 않는 다른 방법을 찾을 수 있기 때문이었다. 이런저런 고민을 하며 방법을 찾던 차에 정우는 또 수업 시간 종이 울렸음에도 불구하고 교실에 들어오지 않았다. '화장실에서 또 게임을 하나?' 하는 생각이 들어, 나머지 학생들에게는 활동지를 풀게 하고 조용히 남자 화장실에 가보았다. 얼핏 보면 아무도 없는 듯했는데 한 칸만 문이 닫혀 있었다. 그 앞에서 조금 기다리니 문이 열리고 정우가 나왔다. 정우의 손에는 핸드폰이 쥐어져 있었고, 정우는 체념한 듯 고개를 푹 숙이고 나에게 걸어왔다.

이럴 때 아이를 혼내거나 꾸중하는 것은 교육자로서 바보 같은 행동이다. 나도 예전에는 그런 어리석은 행동을 많이 했지만, 인성교육을 배우면서 이제는 아이와 대화할 기회라는 것을 확실히 알게 되었다. 지금 당장 혼내거나 꾸중하면 아이는 혼나기 싫어서 겉으로는 내가 원하는 행동을 하지만, 행동의 원인이 되는 아이의 마음이 바뀐 것이 아니라면 교사의 통제 가능 범위를 넘어설 때 아이는 자신이 하던 행동을 그대로 하기 때문이다. 어떤 교육자도 아이를 24시간 쫓아다닐 수도 감시할 수도 없다. 오히려 아이의 진짜 속마음을 듣고 옳은 가치기준을 세워준다면 아이는 내가 곁에 있든 곁에 없든 어긋나지 않을 것이다.

교사 : 정우야, 지금 뭐 하다가 나온 거야?
정우 : 게임이요.
교사 : 정우야, 우리 교칙은 아침에 오면 핸드폰 전원을 끄고 가방에 보관하는 것인데, 지금 정우는 핸드폰을 켜서 게임을 했어. 그리고 공부 시간 시작종은 아까 울렸는데 지금은 한참 지난 시간이야. 화장실에 아무도 없잖아~. 다른 친구들은 이미 공부를 시작했어.

교칙도 어겼고, 공부 시간에도 늦었는데… 왜 이렇게 한 거야?
정우 : 게임이 너무 하고 싶었어요.
교사 : 교칙을 어길 정도로?
정우 : 네~ 가만히 있어도 계속 머릿속에 게임 생각이 나요.
교사 : 그래서 아침에도 밖에서 게임하고 오느라 지각했던 거니?
정우 : 네~

'게임을 좋아하니까 이렇게 쉬는 시간까지도 하는 것이겠지.'라고 가벼이 여기며 넘어가거나, 학업을 제외하고는 더 이상 교사로서 자신이 할 수 있는 일이 없다고 쉽게 포기하는 교육자도 보았다. 하지만 인성교육을 하는 교육자들은 이런 순간에 말 한마디 행동 하나를 허투루 보고 듣지 않는다. 나는 아이와 대화하면서 지각, 규칙 위반 등을 할 정도로 게임에 과몰입되었다는 것을 진단할 수 있었고, (게임을 할 수는 있지만) 일상생활에 피해가 없도록 스스로 절제하고 조절하는 능력을 키우고, 부지런하고 성실하게 자기 할 일을 다 하면서 게임을 할 수 있도록 도와야겠다고 처방을 내리게 되었다.

교사 : 정우야, 네가 게임을 좋아할 수 있어. 그런데 게임이 너무 좋다는 이유로 지각하고, 교칙도 어기고, 공부 시간에 늦게 들어오는 것은 옳은 거야 옳지 않은 거야?

정우 : 옳지 않은 거예요.

교사 : 맞아. 그러면 이제부터 안 할 수 있겠니?

정우 : 그런데 생각 안 하려고 해도 계속 생각나요.

  정우와 대화를 해 본 결과, 정우는 게임 때문에 지각하고 교칙을 어기는 것이 옳지 않은 것, 즉, 인생에서 마이너스(-)인 줄은 알고 있었다. 하지만 생각과 행동이 따로따로 움직이는 상황이었다. 이것은 이미 나쁜 습관이 들어버렸기 때문이었다. 습관을 바꾸는 쪽으로 도와줘야겠다는 생각이 들었다.

  습관을 바꾸는 것은 어른들도 힘들어하는 것이다. 어떤 어른들은 "죽기 전에는 못 고쳐."라는 말로 습관을 바꾸기가 어렵다고 말하기도 한다. 하지만 습관을 고쳐본 사람들은 강한 의지와 부단한 노력이 있다면 이것이 가능하다고 말한다. 교육자는 습관을 고칠 수 있도록 희망을 주는 사람이다. 희망을 주는 사람은 옳은 습관을 가지기 위해서, 옳지 않은 습관을 이기기 위해서 부단히 노력하고 '이렇게 하면 되더라'의 노하우를 전해주는 사람이다. 꼭 같은 습관이 아니더라도 그 노력의 노하우가 있는 사람의 말은 듣는 사람에게 '나도 노력해봐야겠다'는 의지를 갖게 해 준다.

교사 : 그렇구나. 정우야~ 혹시 중독이라는 말 들어봤니?

정우 : 네~

교사 : 지금 그것은 게임중독이 되어가고 있어서 그래. 선생님의 옛날 제자 아버지께서 S대를 나온 분이었는데 게임중독 때문에 퇴근하자마자 게임을 시작해서 새벽 3시까지 아무것도 안 하고 게임만 하시는 분이 있었어. 아버지가 게임 중독이다 보니 가정일도 안 하시고, 컴퓨터로 공부해야 하는 아이들에게도 양보도 안 하시고… 그래서 가정이 맨날 싸우고 너무 괴롭다고 선생님 제자가 힘들어했었어. 이 이야기를 하는 이유는 공부 잘하는 사람도 게임 중독이 될 수 있어. 정우도 공부 잘하는데 게임 부분에서는 참지 못하는 거잖아.

정우 : 네~

교사 : 그래서 어렸을 때 좋은 습관을 만드는 것이 중요해. 안 고치면 이렇게 어른이 되어서도 못 고치고 주변 사람들과 힘들게 살아가거든. 우리 앞으로 함께 고쳐볼까?

정우 : 네

교사 : 그럼 어떻게 고치면 좋을까~?

정우 : 모르겠어요.

교사 : 그럼… 선생님이 한번 의견을 내볼게. 우선 집에서는 게임을 얼마나 하니?

정우 : 태권도 다녀와서 5시부터 저녁 먹기 전까지 계속 해요. 그리고 저

녁 먹고 나서 자기 전까지도 계속해요.

교사 : 아… 그럼, 집에서도 꽤 많이 하는 편이구나

그럼, 교칙상으로는 학교에서는 각자 핸드폰을 가방에 보관하지만, 정우가 자꾸 게임 하고 싶어하니까 선생님한테 제출해보자. 일주일 동안만 말이야. 그리고 어머니께도 선생님이 전화드려서 집에서 게임을 하는 시간을 정해놓고 한 두 시간만 할 수 있도록 해달라고 말씀드려볼게. 그렇게 해보겠니?

정우 : 네….

아이가 어른과의 약속 지키기가 아닌 의식(마음) 성장에 초점을 맞추게 하라

많은 교육자가 아이들과의 대화 끝에 앞으로 어떻게 해야 할지에 대한 약속을 정하고 만족스러워하며 대화를 끝내는 경우가 많다. 나 또한 그런 경우가 많았다. 하지만 무엇보다도 중요한 것은 아이 스스로 자신의 의식 성장에 목표를 두게 하는 것임을 많은 학생과의 경험을 통해 알게 되었다. 예를 들어서 아래의 정우와의 대화에서 '선생님께 핸드폰 내기로 한 약속 지키기'에 초점을 맞추는 것이 아니라 '핸드폰을 스스로 조절할 수 있는 능력 갖추기'에 목표를 두게 하는 것이다.

나도 처음에는 아이들을 가르치면서 가장 많이 가지고 있던 오류가 이 부분이었다. 선생님과의 약속을 지켰느니 마느니 하면서 아이들과 씨름하는데 시간과 에너지를 너무 많이 써 버렸던 것이다. 그러나 이제는 아이들이 자기 할 일을 성실하게 하고 핸드폰 사용 시간을 스스로 조절할 수 있는가, 아이들의 의식이 성장되고 있는가에 집중하고 있다.

> 교사 : 그런데 정우야, 이렇게 하는 까닭이 무엇이지?
> 정우 : (한참을 고민하더니) 조절하는 것 배우려고요….
> 교사 : 맞아, 게임을 조절하면서 하는 능력을 배워야 해서 이것을 하는 거야~. 꼬옥 잊지 마.

일주일 동안 정우는 학교에 오자마자 교사에게 핸드폰을 제출했고 하교 시간에 핸드폰을 받아 갔다. 일주일이 지나고, 이제 정우가 핸드폰을 내지 않아도 되는 월요일이 되었다.

> 정우 : (핸드폰을 가지고 앞으로 나와서는) 선생님… 여기 제 핸드폰이요.
> 교사 : 정우야, 이제 일주일 지났어. 안 내도 돼~
> 정우 : 알아요. 아직 조절이 안 돼서요.

정우는 1학기라는 긴 시간 동안 핸드폰을 스스로 교사에게 제출하였다. "이렇게 하는 까닭이 무엇이지?"라는 질문을 통해 정우는 핸드폰 사용 시간을 조절하는 능력을 키워야 한다는 것을 스스로 인지하게 되었기 때문이다. 1학기 동안 핸드폰을 낼 때마다 틈틈이 핸드폰을 하는 시간을 줄이고 있는지 물어보았다. 정우는 집에서도 핸드폰 사용 시간을 많이 줄여서 1시간~2시간 정도만 게임을 하게 되었다고 자랑스럽게 말했다. (누군가는 정우가 줄여서 하고 있는 1시간~2시간도 이미 지나치다고 생각할 수 있다. 그렇다. 이미 너무 심각한 상황이라고 여겨질 수 있으나 정우에게는 노력해서 얻어낸 값진 성과라는 것이 중요한 것이다.)

그리고 마침내 정우는 2학기에는 핸드폰을 내지 않았고 핸드폰으로 생기는 문제들 또한 전혀 없었다.

많은 교육자가 아이의 행동을 통제하는 것으로 잘했다, 못했다고 하면서 일희일비하곤 하는데, 교육은 백 세 인생을 보고 차근차근 준비하는 것이다. 아이 스스로의 조절 능력, 자기관리 능력, 민주시민 의식, 공동체 역량, 돕고 위하는 마음 등 자녀가 옳은 의식을 가진 사람이 되도록 노력하는 것을 놓치지 않아야 한다. 교육자가 아이의 행동이 아니라, 행동의 원인인 의식(마음)에 집중하면 아이도 한번 안 된다고 실망하거나 좌절하기보다는 스스로 계속 노력하게 된다.

이해(理解)는

상대방의 입장에서 생각하는 것이다

즉, 상대방이 그렇게 행동할 수밖에 없는 이유를

알려고 노력하는 것이다

메아리법칙이 있다
산에 올라가서 "야호~"하고 외치면
저쪽 산에서 "야호"하고 돌아온다

내가 "사랑해~"하면 저쪽에서도
"사랑해~" 하듯이
내가 "미워~"하면 저쪽도 "미워~"하고
반응이 오는 것이다

리더 역할을 하며 스트레스를 받는 아이

아이들이 제 말을 안 들어서 화가나요

보건실에 6학년 남학생 현우가 머리가 아프다고 하면서 왔다.

현우는 야구선수가 꿈인 학생으로 운동을 많이 하는 편이었다. 그러다보니 운동을 하다가 다치거나 근육통이 있을 때 보건실에 자주 왔었고 치료하는 중에 이런 저런 이야기 하는 것을 좋아해서 나와 자주 대화를 하곤 했었다. 그런데 이번에는 머리가 아프다고 온 것이었다.

현우 : 선생님, 머리가 아파요.
교사 : 체온은 정상인데, 머리가 왜 아플까?

현우 : 제가 체육부장인데요, 아이들이 제 말을 듣지 않아서 너무 머리가 아파요. 체육 선생님이 몸이 안 좋으셔서 조용히 하면 좋겠는데 너무 떠들고요. 체육 선생님 말씀도 안 듣고, 담임선생님 말씀도 안 들어요. 그래서 화가 나요.

교사 : 아이들이 말을 안 들어서 머리가 아팠구나. 스트레스를 받고 있네?

현우 : 네, 저는 화를 잘 안 내는 편인데, 아이들이 제 말을 너무 안 들으니까 화가 나요.

교사 : 현우야~ 그런데 그렇게 화를 내고 스트레스를 받으면 병이 생겨~ 만병의 근원이 스트레스거든…

현우 : 그런데 아이들이 화나게 하잖아요.

현우는 자기 말을 안 들어주는 아이들을 탓하고 원망 불평하면서, 이 상황을 부정적으로 받아들여 스트레스를 많이 받고 있었다. 이로 인해 신체화 증상인 두통까지 나타난 것이다.

나는 현우의 두통은 부정적인 마음에서 비롯되었다고 진단하고, 마음을 긍정적으로 회복시키기 위한 대화를 단계적으로 나누었다.

남에게 나가던 화살을 멈추기만 해도

교사 : 잘못은 반 아이들이 하고 있는데, 왜 그것 때문에 네가 화내고 스트레스 받으면서 스스로 병이 들게 할까? 선생님이 참 안타깝네.

현우 : 그러네요…

교사 : 현우야~ 네가 아이들에게 어떻게 말하는지 선생님 앞에서 한번 말해볼래?

현우 : "야, 조용히 좀 해~ 선생님 말씀하시잖아~" 이렇게 해요. "나는 두 번 말 안 하니까 한번 말할 때 들어!

교사 : 선생님 말씀도 안 듣는 아이들이라면서, 네가 한 번 말한다고 들을 것 같아?

현우 : 네, 맞아요. 정말 안 들어요.

교사 : 그래, 그럼 네가 그 아이들에게 너의 말을 잘 들으라고 월급이라도 줬니?

현우 : 아니요, 그건 아니지만요…

교사 : 그런데, 왜 아이들이 네가 말하는 것을 잘 들어야 돼?

현우 : (불평하며 화를 내던 아이가 갑자기 톤 다운이 되며 화가 주춤해 졌다) 아니네요.

교사 : 그래, 아이들은 자기가 하고 싶은 대로 할 자유가 있어. 네가 말한 대로 들으라는 것은 독재자지~

현우의 화가 왜 주춤해진 걸까?

우리가 흔히 화가 나는 이유 중 하나는 상대방이 잘못했고, 그로 인해 내가 피해를 보았다고 생각을 할 때가 아니던가?

아이들도 마찬가지이다. 상대 아이만 잘못했고 나는 잘못이 없다고 생각할 때 억울해서 화가 나고 다툼이 일어나는 것을 종종 보게 된다.

현우도 내 말을 안 듣는 반 아이들이 잘못되었다는 생각에 사로잡혀서 비난의 화살을 쏘며 화를 내고 있었던 상태였다. 그런데 대화하면서 자기 생각의 오류를 몇 가지 발견하게 되었다.

즉, 잘못은 상대방이 했는데, 나만 왜 스트레스 받으면서 머리가 아파야 하지? 이것이 내게 손해라는 것을 깨닫게 되었다.

그와 동시에 '나는 부족한 게 뭘까?' 초점을 돌려서 나부터 살펴보게 하니 더 이상 상대를 향해 화를 낼 이유가 없다는 것을 스스로 알게 되었다. 그로 인해 남에게 나가던 화살을 멈추게 되므로 화가 주춤하게 된 것이다.

나는 이 사건이 현우가 자신의 부족(아이들이 내 말을 듣지 않을 자유도 있다는 걸 모르고 독재자처럼 일방적으로 명령한 것)을 발견하고 개선할 수 있는 좋은 기회라는 걸 알도록 긍정의 기준을 세우는 대화를 이어 나갔다.

부정적인 생각을 긍정적인 생각으로

현우 : 그래도 체육 선생님이 저에게 조용히 하게 하라고 하셨어요.

교사 : 그래, 네가 체육 선생님을 도와서 아이들을 조용히 하게 하는 것은 좋은 거야. 또 수업을 재미있게 잘하도록 아이들을 돕는 것도 해야 하고. 그런데 현우야~ 그러면 다른 방법을 찾아보는 거야. 아이들이 네 말을 안 듣는다는 것은 지금 그런 방법으로는 안 듣겠다는 뜻이거든~ 현우 네가 반 아이들이 네 말을 잘 듣게 하는 더 좋은 방법을 찾지 않아서 그렇단다. 유난히 떠드는 몇 명의 아이들이 있지 않니?

현우 : 네, 승부욕이 강한 아이들이 있어요.

교사 : 그래, 그런 아이들에게 어떻게 다가가서 말을 하면 들을까? 방법을 자꾸 찾아보는 거야. 그러면 누가 리더십이 생길까?

현우 : 저요.

교사 : 그렇지, 자꾸 생각해 보고 시도해 보고 마음을 써 보면, 너는 리더십이 생기면서 네가 멋진 사람으로 바뀌게 되지 않겠어? 그러면

그 아이들이 현우를 성장시켜주는 오히려 고마운 아이들이네~

현우 : 그런가요?

교사 : 그래~ 그 아이들이 말을 한 번 할 때 잘 들었으면, 너는 점점 더 독재자 스타일로 바뀌게 될 뻔했어. 다행히 아이들이 네가 그런 식으로 말을 하면 듣지 않으니까, 네가 고민을 하게 되고 방법을 찾게 되면서 멋진 리더로 성장하게 되는 계기가 되었으니, 얼마나 고마운 아이들이니?

현우 : 네~ 그러네요.

위의 대화는 상황을 부정적으로 받아들여서 힘들어하는 현우의 생각을 긍정적으로 생각하도록 도와주기 위한 대화였다. 아이들이 말을 안 듣는다는 것은 그 방법으로는 안 듣겠다는 것이니 아이들이 들을 수 있는 더 좋은 방법을 찾아보면 되고, 방법을 찾아가는 과정을 통해 훌륭한 리더십을 갖춘 사람으로 성장하게 되는 계기가 되니 안 좋은 상황이 아니라 좋은 상황일 수 있다고 긍정적으로 생각하도록 도와준 것이다.

부정적인 생각은 마음과 몸의 에너지를 소진하게 만들지만, 긍정적인 생각은 활력이 생기게 하면서 기분을 좋게 만들고 주변의 분위기도 긍정적으로 변화시켜 나간다. 교사가 상황을 긍정적으로 풀어주니 현우의 기분이 조금씩 좋아지는 것 같았다.

원망 불평하는 마음을 이해하는 마음으로

교사 : 그래~ 그리고 아이들이 체육 시간이 좋고 즐거워서 떠드는 거 아닐까~?

현우 : 맞아요. 저도 체육부장이 되기 전에는 떠들었었어요..

교사 : 그래? 그랬구나 그럼, 아이들을 그렇게 이해하면 좋잖아~~? 어때 약 먹을래? 그냥 갈래?

현우 : 그냥 갈게요.

교사 : 그래, 그럼 시원한 물 한 잔 마시고 가렴, 아프면 또 오고

아이들이 떠드는 것을 불평불만으로 보는 것이 아니라, 좋아서 떠드는 거라고 이해하는 마음을 갖게 도와주니 현우도 바로 수긍하면서 아이들을 이해하게 되었다. 이렇게 옳지 않은 생각과 마음을 옳은 생각과 마음으로 돌이켜주니 마음에 힘이 나면서 신체화 증상인 두통이 사라진 것이었다.

현우는 그렇게 교실로 돌아갔고 이틀 뒤 다시 보건실에 왔다.

인성교육은 나부터 시작이다

교사 : 아이들 때문에 또 머리가 아프니?

현우 : 아니에요. 다리를 다쳐서요… 이제는 아이들 때문에 스트레스를 받지 않아요~^^

교사 : 그래? 어떻게 그렇게 되었는데~?

현우 : 아이들을 이해하게 되니까 그렇게 되었어요. 그리고 이제는 아이들도 말을 잘 들어요~^^

현우가 아이들을 이해하게 되었다니 정말 반가운 소식이었다. 현우가 그날 대화를 마치고 자기 생각에 문제가 있었다는 것을 받아들이고 아이들을 이해하는 마음을 가지니 화를 내지 않고 편안하게 말을 할 수 있게 되지 않았을까? 그 결과 아이들도 부정이 실리지 않은 현우의 말을 잘 듣게 되었으리라는 생각이 들었다.

메아리법칙이 있다. 산에 올라가서 "야호~"하고 외치면 저쪽 산에서 "야호"하고 돌아온다. 내가 "사랑해~"하면 저쪽에서도 "사랑해~" 하듯이, 내가 "미워~"하면 저쪽도 "미워~"하고 반응이 오는 것이다.

현우가 예전에는 "미워~"하면서 화를 내니 아이들도 "미워~"하면서 말을 안 들었는데, 이제는 현우가 "함께 잘해보자~"하며 이해하는 마음을 보내니 아이들도 "그래! 잘해보자~"로 화답했을 것이다.

현우의 변화를 통해 '인성교육은 나부터 시작'이라는 말이 다시 한번 마음에 와닿는다. 교사인 나부터 삶으로 실천하여 뒤따라오는 학생들에게 징검다리를 잘 놓아주는 교사가 되기를 다짐해 본다.

1

교육자는

희망을 주는 사람이다

희망을 주는 사람은

'이렇게 하면 되더라'의 노하우를

전해주는 사람이다

자유를 누리며
사는 방법을 알게하는
대화를 해 주어야 한다

패배를 견디지 못하는 아이

과정을 즐기는 자가 진정한 승리자

2학년 동수는 게임(놀이)에서 지면 울거나 발을 쿵쿵 구르고 그래도 마음이 풀리지 않으면 복도나 운동장으로 달려 나가곤 했다. 처음에 동수가 그런 행동을 할 때는 정말 깜짝 놀랐다. 왜냐하면 운동장으로 나가거나 교사가 안 보이는 곳에 간다는 것은 안전을 보장할 수 없고 아이를 잃어버릴 수도 있는 일이기 때문이었다. 그래서 우선은 전체 학생을 대상으로 학교 건물 밖으로 나가는 것이 얼마나 위험천만한 일인지 조·종례 시간마다 반복적으로 교육하게 되었다. 그러면서 동수를 효과적으로 교육하기(도와주기) 위해서 동수가 어떤 상황에서 돌발행동을 하는지 지켜보고 자세히 관찰하

였다.

  중학생인 첫째, 고학년인 둘째와 나이 차이가 크게 나는 막내인 동수는 집안에서 사랑을 많이 받는 아이였다. 그러나 학교에서는 친구들과 다툼이 잦았다. 특히 모둠활동을 하거나 놀이 등 체육활동에서 질 때마다 너무 속상해하는 것이었다. 그래서 놀이나 게임 등의 활동을 할 때 동수와 신체 능력 또는 지적 능력이 비슷한 친구들로 모둠을 구성하여 비등비등한 경쟁상태가 되게 해주었다. 그랬는데도 여전히 이길 때는 매우 즐거워하고 질 때는 화를 내며 발을 쿵쿵 구르고 눈에 눈물이 맺히는 것이었다.

  그런 과정을 통해 동수가 경쟁 구도에서 무조건 이기려고만 하는 경향이 있고 함께 노는 친구들과 시간을 보내고 협동하거나 마음을 나누는 것을 모르고 있다는 것을 진단하게 되었다. 그래서 협동하는 것이 어떤 것인지 배우게 해주려고 동수의 모둠에는 협동력이 매우 우수한 학생들을 배치해주었고, 그 친구들이 동수를 이해해주고 같이 놀이에 참여해주니 한동안은 평화가 찾아왔다. 하지만 늘 그런 친구들과만 교우관계를 맺을 수는 없고, 근본적인 개선 없이 이해만 받는 자리에 동수를 머무르게 할 수 없기 때문에 한 달이 지난 후 다시 모둠 배치를 바꾸어 주었다. 그 결과 동수의 옛날 버릇인 화를 내면서 뛰쳐나가는 것이 다시 시작되었다. 그러던 어느 날 공부 시간에 주사위 학습 놀이를 할 때, 동수가 또 울음을 터뜨리며 복도로 나가자 나도 따라 나가서 대화하게 되었다.

교사 : 동수야, 왜 울어?

동수 : 지잖아요.

교사 : 동수야, 이기고 싶은 마음은 이해해~ 하지만 질 때도 있는 거야. 지금같이 주사위를 던지는 놀이는 주사위의 운에 따라 이길 수도 질 수도 있는 거야. 동수가 못해서 그런 게 아니야.
그런데, 동수야~ 네가 자꾸 질 때마다 울고 발을 쿵쿵 구르고 친구를 흘겨보면 동수와 놀이를 하는 친구들은 마음이 어떨 것 같아?

동수 : (침묵)

교사 : 친구들이 동수와 놀이를 하는 것이 즐거울 것 같아, 재미가 없을 것 같아?

동수 : (교사가 쳐다보면 계속 눈물을 흘린다)

교사 : 물론 동수도 알거야… 재미가 없고 부담스럽겠지?

동수 : (어깨까지 들썩이며 계속 운다)

교사 : 친구들이 동수와 노는 것이 부담스러워서 같이 안 놀았으면 좋겠어?

동수 : (고개를 세차게 젓는다)

교사 : 그래~ 동수도 같이 친구들과 놀고 싶지. 그럼, 선생님이 즐겁게 놀 수 있는 방법을 가르쳐줄까?

동수 : (그렁그렁한 눈으로 교사를 빤히 쳐다본다)

교사 : 그건… 친구들과 노는 것 자체를 재미있어하면 돼. 이겨야만 재미있는 것이 아니라 이기든 지든 친구들과 놀이를 하는 시간이 좋으면 돼. 즐겁게 게임을 한 사람이 진정한 승리자야.

동수 : (못 알아듣는 표정)

교사 : 음… 아직은 잘 모를 수 있는데… 동수야… 아무도 놀 사람이 없으면 혼자 놀아야 하잖아. 장난감 가지고 말이야.

동수 : 네…

교사 : 장난감 가지고 혼자 노는 것이 재미있어? 아니면 장난감 가지고

친구와 같이 노는 것이 재미있어?

동수 : 친구와 같이 노는 거요.

교사 : 맞아. 친구와 같이 노는 것이 재미있잖아. 혼자 노는 것보다 훨씬 더 재미있잖아. 그것을 기억하는 거야. 이겨도 재미있지만 져도 친구와 노는 것이 재미있다고.

동수 : (알 듯 말 듯 한 표정으로 교사를 빤히 쳐다본다)

나는 동수에 대해서 더 알고 싶어서 학습 놀이할 때 자연스럽게 단둘이 짝 활동으로 게임을 해보았다. 동수는 지적 능력이나 손발 움직임은 동 학년의 평균 정도였고, 부족하지도 넘치지도 않는 실력이었다. 게임에서 연속적으로 계속 져 주었더니 매우 기뻐하다가 내가 한 번 이기니 표정이 어두워졌고, 한 번 더 이기니 눈물이 맺히기 시작했다. 동수가 이기기도 하고 질 수도 있다는 것을 체험하게 하기 위해서 나는 다음 판에서도 그다음 판에서도 연속적으로 져 주다가 가끔 한 번씩만 이겼다. 동수가 질 수 있다는 것을 단번에 받아들이면 좋겠지만 그러지 못했고, 나는 공부 시간이나 쉬는 시간에 동수를 자주 보면서 승리와 패배도 결국 놀이의 일부라는 것을 받아들이고, 친구들과 협력하고 즐겁게 보내는 것이 중요하다는 것을 지속적으로 말해주었다.

학부모님은 최고의 교육 파트너

그러던 중 7월 초에 동수 어머니께 전화를 받았다. 동수가 집에 오자마자 엉엉 울면서 친구들이 놀아주지 않는다고 해서 어머니 마음이 너무 아프다고 말씀하셨다. 자세히 여쭤보니 방과 후에, 놀이터에서 놀고 있는 친구들에게 동수가 같이 놀자고 했는데 친구들이 거절했고, 동수는 이에 큰 상처를 입었다는 것이었다.

동수 어머니 : (울먹이며) 혹시 동수가 학교에서도 왕따인가요? 너무 걱정이 되서요

교사 : 동수어머니~ 왕따는 아니에요. 하지만, 동수와 같이 노는 것을 부담스러워하긴 해요. 혹시 동수가 집에서 놀 때 형이나 누나하고 싸우지는 않나요?

동수어머니 : 형은 중학생이고 누나도 고학년이어서 같이 놀지는 않아요. 집에서 놀 때는 잘 놀아요.

교사 : 그렇군요. 그럼, 동수어머니께서 놀아주실 때 동수가 지면 울지 않던가요?

동수어머니 : 잘 모르겠어요.

교사 : 아… 동수어머니~~ 혹시 동수가 또래 친구들과 노는 모습을 본 적이 있으세요?

동수어머니 : 아니요. 한 번도 못 봤어요. 동수가 놀 때 저는 집안일을 하

고 있어서요.

교사 : 그러시군요. 동수가 친구들하고 노는 것을 한번 보시면 좋겠어요 ~ 동수가 승부욕이 강해서 질 때마다 자주 울고 발을 쿵쿵 구르면서 친구를 째려보며 화를 내거든요. 동수가 늘 지는 것은 아니고요. 대부분의 놀이처럼 이길 때도 있고 질 때도 있는데, 지는 것을 잘 못 받아들이는 편이에요.

동수어머니 : 전혀 몰랐어요.

교사 : 그래서 학교에서도 지도하고 있는데요, 여름방학 중에 어머니께서 동수와 같이 놀아주면서 이기고 지는 것보다 함께 노는 시간의 즐거움을 느끼게 도와주시면 좋을 것 같아요. 그리고 내일 학교에 가서 오늘 있었던 일을 알아보고 지도한 후 어거니께 연락드리겠습니다.

동수어머니 : 네~ 감사합니다.

다음날 놀이터에서 놀던 학생들과 동수를 불러 전후 사정을 알아보았다. 놀이터에서 학생들이 팀을 나눠서 먼저 놀고 있었는데, 동수가 들어오면 짝이 안 맞아서 거절했다는 것을 알 수 있었다. 융통성이 없는 2학년에게 충분히 일어날 수 있는 일이지만 아이들에게 홀로 남겨진 동수의 마음을 헤아려보게 했고, 동수에게 충분히 설명해줬어야 한다고 교육했다. 동수에게도 친구들에게 동수의 마음을 충분히 말하거나 또는 친구들에게 물어봤어야 한다고 말했다. 그러고 나서 방과 후에 동수 어머니께 전화를 걸어 어제 사건의 전후와 아이들에게 어떻게 교육했는지 말씀드렸다. 어제 사건 덕분에 동수 어머니께 그동안 동수에 대해 고민하던 부분을 나눌 수 있게 되어 다행이라는 생각이 들었다.

2학기가 시작되고 나는 깜짝 놀랐다. 동수가 너무나도 달라졌기 때문이다. 동수는 놀이(게임) 시간에 너무나도 여유로워지고 패배에 연연하지 않게 된 것이다. 동수를 쉬는 시간에 불러서 칭찬을 해 주면서 어떻게 된 것인지 물어봤는데, 잘 모르겠다면서 특별히 대답을 하지 못했다. 2학기 상담 주간에 동수 어머니와 만나 대화를 하면서 그 이유를 알게 되었다.

교사 : 동수 어머니~ 동수에게 방학 동안 무슨 일이 있었던 것일까요? 동수가 놀이할 때 친구들에게 화도 안 내고, 여유로워졌어요. 그래서 친구들도 동수와 너무 잘 놀고 있어요.

동수어머니 : 다행이에요~ 선생님과 통화를 하고 동수하고 많이 놀았어요. 그랬더니 정말 질 때마다 잘 울더라고요. 그래서 대화도 많이 하고 제가 져 주기도 하면서 계속 반복하니까 많이 좋아지더라고요. (눈물을 글썽이며) 정말 감사해요~ 선생님~ 저는 정말 몰랐어요.

교사 : (같이 눈물을 글썽이며) 제가 더 감사드려요. 언짢아하시면서 속
       상해만 하시는 분들도 많은데, 이렇게 노력해주셔서 제가 더 감
       동이고 감사드립니다.

　어떤 사람은 자연스럽게 알아갈 수도 있는 일이다. 하지만 그것이 어려운 아이들에게는 하나하나 차근차근 알려주는 것이 중요하다. 아이의 입장에서 알아들을 수 있도록 답답해하지 않고 늘 처음 말해주는 것처럼 정성스럽게 말해줄 수 있는 교육자가 되길 간절히 소망한다.
　또한 교사는 아이에 대한 객관적인 사실과 정보를 전해 학부모에게 교육의 방향을 정할 수 있도록 돕는 것이 중요하다. 학부모가 아이와 지낸 세월이 길지만 아이는 커가면서 변하기도 하고, 부모와의 관계에서는 드러나지 않던 문제가 학교에서 친구들과의 관계에서는 드러나기도 한다. 교사는 신중하게 프로파일링한 데이터들을 아이와 부모를 돕고자 하는 마음으로 함께 나누는 것이 필요하다. 부모도 아이에 대한 이해도 높아져 부모의 마음속에 있던 의문점들이 풀리기도 하고, 교육에 대한 방향을 명확히 할 수 있게 된다.
　가정과 학교가 연계되어 아이들을 지속적이고 반복적으로 교육한다면 교육적 효과는 높아질 수밖에 없다는 것은 누구나 알고 있

다. 하지만 부모와 교사 간에 서로에 대한 어려운 마음과 불편함이 있을 때 아이를 위한 협력관계가 아닌 원망의 관계가 되는 것을 종종 보게 된다. 교사 입장에서는 학부모가 어려울 수 있지만, 반대로 학부모 입장에서도 교사를 어려워할 수 있다는 것을 생각하고 내가 먼저 마음의 문을 여는 것이 필요하다.

 Higher Rapport가 학부모님까지 확장되면 아이는 우리의 미래를 여는 꿈나무로서 손색 없이 자라나 줄 것이다.

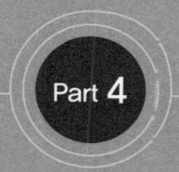

교사 의식성장 사례

학부모에게 민원을 받았을 때
미운 사람이 있을 때
아이가 교사에게 욕을 했을 때
일이 넘쳐 마음이 조급할 때
부정적인 피드백을 들을 때
하기싫은 일을 하라고 할 때
정직했을 때 일어나는 일

부딪힘은 깨달음의 기회

학부모에게 민원을 받았을 때

왜 답장 안 하세요?

아침에 학교에 도착해보니 문자 하나가 와 있었다.

> 문자 : 안녕하세요. 희성이 엄마예요. 통화가 쉽지 않네요. 코막힘이 심해서 진료 보고 학교 보낼게요.

'출근하는 도중 희성이 어머니께 전화가 왔었나 보다.' 하고 핸드폰을 확인해보니, 운전 중에 부재중 전화가 와있었다. 나는 전화하신 용건을 문자내용으로 이미 파악했고, 결석도 아니니 답장은 필요 없겠다고 판단하고 수업 준비를 했다.

희성이는 1교시 수업을 시작하자마자 학교에 도착했다.

교사 : 희성아, 병원 잘 다녀왔니?
희성 : 네~
교사 : 희성아, 선생님이 병가로 학교에 안 나왔을 때 교외 체험학습을 신청한 것 같구나. 그런데 신청서는 있는데 보고서는 없구나. 혹시 보고서 낸 것 같아?
희성 : 음... 기억이 잘 안 나는 것 보니 안 냈나 봐요.
교사 : 그래? 그럼, 여기 보고서 줄 테니까, 내일까지 가져오렴~
희성 : 네~

3교시 수업이 시작되기 전에 희성이는 몸이 안 좋다고 했다. 살펴보니 열이 높아서 눈물과 땀이 날 정도로 힘들어하고 있었다. 희성이에게 보건실에서 쉴지, 집에 가서 쉴지를 물어보니 조퇴하고 집에 가서 쉬겠다고 했다. 나는 희성이가 열이 나서 조퇴했다고 희성이 어머니께 전화드린 후 수업을 다시 진행했다. 그런데 처리해야 할 서류 더미 밑으로 삐죽 튀어나와 있는 종이 한 장이 눈에 들어왔다. 그것은 희성이의 교외 체험학습 보고서였다. 나는 '아~ 희성이가 보고서를 제출했었구나. 수업 마친 후 바로 희성이 어머니께 문자 드려야겠다. 보고서 보내지 않으셔도 된다고…'라고 생각하며 수업하고 있는데, 교실 전화벨이 울렸다. 받으니 희성이 어머니셨다.

교사 : 여보세요~

희성이 어머니 : 선생님~ 저 희성이 엄마예요. 희성이가 교외 체험학습 보고서를 가지고 왔네요.

교사 : 아~ 어머니 죄송해요. 희성이에게 보내고 나서 지난번에 내신 보고서를 찾았어요. 수업 끝나고 문자를 보내드리려고 했어요.

희성이 어머니 : 저는 분명히 보냈는데 희성이가 아픈 몸으로 와서는 보고서를 꺼내니까 제가 기분이 불쾌해요.

교사 : 죄송해요~ 어머니. 안 그래도 어머니께서는 평소에 신청서와 보고서를 바로바로 보내주셨었기에, '이상하다 없을 리가 없는데… 왜 없을까?' 생각하면서 찾아보았어요. 아무리 찾아도 보이지 않길래 오늘 희성이 편에 보내드렸던 건데요. 그 후에 보고서를 찾게 되었어요. 그래서 수업이 끝나면 바로 어머니께 문자를 보내드리려고 하던 참이었습니다. 저희가 인수인계 과정이 미흡했습니다. 정말 죄송합니다.

희성 어머니 : 저는 철저한 사람이어서 한 번도 이런 것을 안 낸 적이 없어요.

교사 : 네~ 그러셨어요. 정말 죄송합니다.

희성 어머니 : 그리고 선생님 오늘 아침에 전화했는데 안 받으셔서 문자

를 남겼는데 왜 답장을 안 하세요? 그리고 지난번 선생님이 병가에 들어가셨을 때도 제가 문자를 드렸는데 답장을 안 하셨지요. 병가 끝난 후에라도 답장 주실 수 있잖아요. 학부모 입장에서는 선생님의 답장을 얼마나 기다리는지 아세요?

교사 : 아~ 그러셨군요. 죄송합니다. 제가 피드백해 주신 대로 앞으로 바로바로 답장 드리도록 하겠습니다. 언짢게 해드려서 죄송해요~

전화를 끊고 나는 한동안 멍했다. 여러 가지 행동으로 학부모님께 불쾌한 감정을 드렸다는 생각에 죄송하기도 했으나, 그와 동시에 '일부러 그런 것도 아닌데… 교사가 해야 할 일들이 얼마나 산더미인데… 그것까지…?' 하면서 속상하고 억울한 마음이 스멀스멀 올라오려고 했다.

스스로에게 냉철하게 질문하고 대답하기

나는 속상함과 억울함이라는 이 감정이 맞는지 스스로 냉철하게 생각해보았다.

'속상해? 왜? 희성이 어머니 말이 사실 아니야? 내가 답장 안 드린 것은 사실이잖아! 내가 답장을 왜 안 했던 거지?' 하며 깊이 생각해보기 시작했다. 그러면서 평소 인지하지 못하고 무의식적으로 했던 내 생활방식을 발견하게 되었다. 결석일 경우에는 아이가 학교에 오지 못하는 중대한 경우라고 판단해서 답장을 항상 했었지만, 조퇴나 지각일 경우에는 결석만큼은 중대하지 않으니 답장을 안 해도 괜찮다고 생각해 왔었다. 물론 학부모의 문자에 무조건 답장을 드려야 한다는 것이 매뉴얼로 정해져 있는 것은 아니다. 그러나 희성 어머니의 피드백 덕분에 나는 학부모 입장에서 그 마음을 헤아려보게 되었다. 학부모 입장에서는 아이와 관련된 모든 것들이 중요한 문제이기 때문에, 교사가 학부모의 문자에 답장을 드린다면 학부모님께서도 신뢰감과 편안함을 느끼게 될 것이다.

나는 이렇게 나 자신을 깊이 성찰할수록 상대방 입장을 먼저 배려하지 못했던 나의 부족함을 진심으로 인정하게 되었다. 만약 나의 부족함을 개선하려는 의지 없이, '까다롭다 너무 많은 걸 바란다.' 등등 상대만 탓하고 속으로 불평하면서, 의무감으로 마지못해 답장한다면 얼마나 짜증스럽고 괴로울까! 이렇게 생각하니 피드백을 주신 희성이 어머니께 더욱 감사한 마음이 들었다. 내가 배려하는 넓은 마음으로 성장할 수 있도록 계기를 마련해주셨으니 말이다. 나의 속상했던 마음은 사라지고 다시 수업에 집중할 수 있게 되었다.

부딪힘은 깨달음의 기회

오후 4시 정도에 희성이 어머니께 다시 전화가 왔다.

교사 : 여보세요~

희성이 어머니 : 선생님~ 저 희성이 엄마예요. 사과드리고 싶어서 연락드렸어요. 아까 오전에는 제가 너무 심했던 것 같아요. 수업 시간인데 교실로 전화해서 말씀드린 것은 너무 했던 것 같아요.

교사 : 아니에요~ 저는 결석인 경우에는 답장을 드렸는데, 아까는 저에게 통보해주셨다고 생각하고 답장을 기다리실 것이라고는 생각하지 못했어요. 그런데 다시 생각해 보니, 정말 학부모님 입장에서는 모든 문자에 답장을 기다리실 것 같아요. 희성이 어머니께서 피드백해주신 덕분에 제가 앞으로 모든 학부모님께 답장을 잘 드릴 수 있게 되었습니다. 앞으로 저를 만나는 분들께서 답답하지 않게 되어 너무나 좋은 일입니다. 오히려 제가 감사드려요.

희성이 어머니 : 그렇게 말씀해주셔서 감사해요.

어느 근무 환경이든 혼자 일하는 것이 아닌 이상, 다양한 사람들과 만나게 되고 각자의 살아온 방식이 달라 부딪히게 된다. 교사의 경우에는 부딪힘의 대상이 동료 교사, 관리자, 학생, 학부모 등이다. 서로 의견이나 살아온 방식이 달라서 부딪힘이 있을 때 감정적으로만 받아들이면 감정에 휘둘려서 상대방에 대한 원망과 불평으로 초심의 열정과 뜻을 잃고, 부정적으로 변해가는 경우를 흔히 보게 된다. 그러나 부딪힘을 통해 나의 부족을 개선한다면 남이 알지 못하는 기쁨을 느끼게 된다.

미운 사람이 있다면 사탕 하나라도 줘보세요

그러면 사랑하게 됩니다

사랑하면 미움이 사라집니다

미운 사람이 있을 때

미운 사람에게 떡(사탕) 하나 줘 보기

5년 차 젊은 여선생님이 내가 근무하는 학교로 발령받아 왔다. 그런데 그분과 지내면 지낼수록 그분에게 거리끼는 마음이 자꾸 올라왔다.

나는 빠른 일 처리와 정확한 의사 표현을 좋아하는데 그분은 일이 느리고 서툴렀으며 실수를 반복하는 것이 내 마음에 딱 거슬렸다. 그러다 보니 그분과 마주 앉아 밥을 먹으면 젓가락을 11자로 들지 않고 X로 사용하는 것도 마음에 들지 않았다.

'내가 왜 이렇지? 왜 자꾸 거슬리지?'

그 무렵 나는 인성교육 교사 모임에 참여하면서 아이들의 인성을 가르치기 위해서는 교사부터 바른 인성을 가져야 한다고 배우던 시기였다. 누구보다 따뜻한 인성을 가지고 모든 사람을 품어주고 싶은 내가, 그분을 보기만 하면 자꾸 싫은 마음이 들고 미워하지 않으려고 해도 미워져서 너무 괴로웠다. 그분이 이런 내 마음을 알까 봐 걱정도 되고 무엇보다도, 나 자신이 너무 한심스러웠다.

그렇게 고민하던 중에 인성교육 공부를 함께 하던 선생님이 해주신 말씀이 떠올랐다.

"미운 사람이 있다면 사탕 하나라도 줘보세요. 그러면 사랑하게 됩니다. 사랑하면 미움이 사라집니다"

'그래, 사탕 하나라도 주라고? 그럼 나도 뭐라도 줘 보자'

그러면 무엇을 드릴까? 라고 생각하다가 그분이 임신 초기임이 생각이 났다.

'그래, 그분 건강에 좋은 것을 드려보자'

그래서 아침에 출근할 때 마트에 들러서 과일과 야채를 갈아서 만든 '건강 주스'를 골랐다. 그분의 건강에 좋은 것을 골랐다는 생각 때문에 마음이 흡족했다. 출근하자마자 나는 선생님의 교실로 찾아갔다.

"선생님, 이거 드세요~ 태아에게도 좋을 것 같아서 준비했어요"
"아이고, 선생님~~ 감사해요~~ 이렇게 챙겨주시다니~~~^^"

선생님은 무척 고마워했다. 내 안에 미워하는 마음을 이겨보려고 사다 준 것이기는 했지만, 이렇게 좋아하는 모습을 보니 좋기도 하면서 한편으로는 미안하기도 했다.

그럴수록 나는 그 선생님이 건강해지기를, 뱃속의 태아도 튼튼하게 자라기를 진심으로 바라는 마음을 정성껏 담아서, 출근길에 건강주스를 사다 책상위에 놓아드리곤 했다. 그 작은 노력에는 나의 미워하는 마음이 다 사라지기를 바라는 간절함이 차곡차곡 쌓여갔다.

그러던 어느 날 선생님을 바라보는데 예전처럼 싫고 미운 마음이 아닌 것을 발견했다. 정말 놀라운 일이었다.

'과연, 그 선생님 말씀이 맞았구나. 미운 사람에게는 사탕 하나라도 더 주어야 내 속에 미움이 사라지는구나, 와~ 놀랍다'

부족한 부분을 못마땅하게 보기 vs 부족한 부분을 개선하도록 도와주기

그 여선생님은 나를 볼 때마다 반갑게 인사를 했다. 본인을 챙겨드리니 고마웠던 것 같다. 나도 그분을 미워하던 마음이 사라지니 편하게 다가가게 되었고, 그분의 부족한 부분들이 밉게 보이는 것이 아니라, '어떻게 도와드리면 좋을까?' 생각하면서 정말 돕고자 하는 마음으로 하나씩 가르쳐 드리게 되었다.

일을 할 때 미숙하고 실수하는 부분이 있거나, 생활적으로 부족한 부분이 있으면 "이건 이렇게 하면 좋아요~" 라고 자세히 설명해 주니 그분도 잘 배우고 개선해가는 것이 보였다.

'아, 이렇게 알려드리면 되었는데, 그동안 부족하다고 미워만 했구나'

살아오면서 만나는 다양한 사람들의 부족한 점을 보았을 때, 나도 모르게 못마땅해하거나 미워했던 날이 많았다. 나에게 서운하게 하는 사람, 스타일이 내 마음에 안 드는 사람, 나에게 피해를 주는 사람 등등 싫은 사람을 볼 때마다 다양한 이유로 불편하고 미운 마음이 들곤 했다. 그럴 때마다 배운대로 '미운 사람에게 사탕 하나라도 줘 보라'는 말씀을 다시 상기하면서 돕고 위했다.

그러면 신기하게도 그때마다 그 미운 마음이 사라져서 내가 살 것 같았다.

미움을 이기면서 알게 된 동반성장

이런 노력을 여러 번 반복하다 보니 어느 순간부터는 내 안에 사람을 미워하는 성품이 많이 사라지고 있음을 느꼈다.

'아~ 내가 사람을 싫어하고 밉게 보지 않는 사람으로 점점 변화되고 있구나... 나도 까칠한 사람에서 스웨터같이 따뜻하게 남을 도울 수 있는 사람이 되고 있구나, 성품도 노력하면 바뀌네~'

이처럼 나부터 바른 인성을 가진 교사가 되기로 다짐하고부터 나도 모르게 마땅치 않게 여기던 순간들을 인식하게 되었고, 이를 개선하기 위해서 적극적으로 상대방을 도우려다 보니 내 마음도 풍성해지고 상대방도 발전하는 것을 경험하게 되었다.

준이가 소리를 지르면서
"지랄하고 있네!!"라고 말했을 때
순간 멍해졌다
나는 평소 살아오면서 누구에게
이런 단어를 들어본 적이 없었다
평소에 나라면 화를 내거나
꾸짖었을 텐데 그날은 달랐다

'내가 왜 이런 말을 듣게 되었을까?
내가 정말 지랄하고 있는 것은 아닐까?'
라고 자문하면서 무엇이 문제였는지를
계속 생각하게 되었다

아이가 교사에게 욕을 했을 때

지랄하고 있네

코로나19로 대면, 비대면 수업을 격주로 하던 해, 나는 3학년 부장을 맡게 되었다. 맞벌이 학부모님들은 비대면 주간에 아이들 수업을 집에서 봐주기도 어렵고, 아이들의 점심도 해결하기 어렵기 때문에 학교에서는 그런 가정들을 위해서 컴퓨터실을 개방하여 실시간 화상수업이나 동영상 수업을 들으면서 아이들이 겪는 문제들을 해결해 주는 프로그램을 열었다.

옆 반의 준이는 수업에 10분도 집중을 못 하고 계속 돌아다녀서 컴퓨터실에서 유독 눈에 띄는 아이였다. 아침에 오자마자 교실에 가서 그날 필요한 교과서를 한 번에 가져와야 하는데, 준이는 실시간 화상 수업이나 동영상을 보는 도중에 교과서를 가지고 온다는 명목으로 교실에 몇 번이나 왔다 갔다 하는 것이었다. 그리고 틈틈이 앞뒤 학생들하고 떠들어서 나는 준이 근처에 가서 서서 지켜보는 등 여러 방법을 써서 관리하고 있었다.

그러던 어느 날, 컴퓨터실에서 하율이와 준이가 주먹싸움을 해서 나는 우리 반 교실로 두 아이를 데리고 와서 대화하게 되었다.

교사 : 하율아~ 왜 준이와 주먹 싸움하게 되었니?

하율 : 준이가 저한테 연필을 던졌어요. 그것도 얼굴로요. 제가 빠르게 고개를 옆으로 피해서 안 다치게 된 것이지 하마터면 눈에 맞을 뻔했어요. 너무 큰 일이잖아요. 그래서 화가 나서 준이를 치게 되었고, 준이도 기분 나빠하면서 제 멱살을 잡았어요.

교사 : 준이야, 사실이니? 정말 연필을 던졌어?

준이 : (큰소리로 당당하게) 네!!! 얘가 재수 없으니까 던진 거에요!! 재수 없으면 던질 수도 있는 거잖아요!!

교사 : 아니! 그럴 수 없어. 아무리 상대가 마음에 들지 않는다고 해도 던진 것은 옳지 않은 거야!! (단호하게) 연필을 던진 것이 옳은 거야, 옳지 않은 거야?

준이 : (입으로는 씩씩거리고 어깨를 들썩이며 나를 째려본다)

교사 : 준이도 알고 있지? 던지는 것이 얼마나 옳지 않은지?!

준이 : (교실을 떠나가라 소리 지르며) 지랄하고 있네~!!!!

준이가 소리를 지르면서 "지랄하고 있네!!" 라고 말했을 때 순간 나는 멍해졌다.

나는 평소 살아오면서 그 누구에게도 이런 단어를 들어본 적이 없었다. 평소에 나라면 화를 내거나 꾸짖었을 텐데 그날은 달랐다.

'내가 왜 이런 말을 듣게 되었을까? 내가 정말 지랄하고 있는 것은 아닐까?' 라고 자문하면서 무엇이 문제였는지를 계속 생각하게 되었다. 그러다 보니 본인이 위험한 행동을 해놓고는 적반하장으로 친구 잘못이라고 하는 준이를 바라보면서 욱하며 올라오던 마음이

Part 4. 학생지도 사례

차분해졌다. 그리고 내가 했던 행동 중에서 무엇이 문제였는지 바로 파악하게 되었다. 그것은 바로, 하율이 말만 듣고, 준이의 입장에서는 충분히 이야기를 들어주지 않았다는 것이었다.

교사 : 준이야~ 그래… 준이는 지나갈 때마다 선생님한테 인사도 하는 멋진 아이였는데… 하율이한테 연필을 던진 이유가 있을 수 있겠다. 무슨 일이 있었니?

준이 : (흥분이 가라앉지 않은 상태에서 나를 노려보고 있다)

교사 : 준이야~~ 선생님이 하율이 이야기만 들었던 것 같아. 준이에게도 분명 이유가 있었을 거야. 그것을 들어야 선생님이 하율이와 준이를 도와줄 수 있을 것 같은데 이야기해줄 수는 없을까?

준이 : 얘가 저를 놀렸다고요!!

교사 : 하율이가 너를 놀렸어?

준이 : (억울해하며) 네~ 얘가 500원짜리 동전으로 이거 집어봐 집어봐. 못 집네. 으이구… 이러면서 놀렸다고요!!

교사 : 그래? 하율아, 정말 준이 말대로 500원짜리 동전으로 놀렸어?

하율 : 놀린 것은 아니고 500원짜리 동전 잡을 수 있어? 잡아봐~ 했어요. 놀린 것은 아니에요.

교사 : 하율아, 그 500원을 준이한테 주고 싶었어?

하율 : 아니요.

교사 : 그런데 왜 잡아보라고 했어?

하율 : (갸우뚱한다)

교사 : 500원을 줄 생각도 아니었는데 잡아봐… 이것도 못 집네… 으이구~! 이게 친구를 존중하는 것일까? 놀리는 것일까?

하율 : 놀리는 거요.

교사 : 그래~~ 하율이가 준이를 놀렸지?

하율 : 네.

교사 : 그래서… 준이가 화가 나서 연필을 던졌대. 하율아~~ 준이가 기분 나빴던 것은 이해가 되니?

하율 : 네…

교사 : 하율이가 놀린 것이 이 모든 것의 시작이었구나. 하율아. 그 놀리는 마음이 준이와 너를 큰 싸움까지 가게 했는데… 어떻게 해야 할까?

하율 : 이제 안 놀릴게요

교사 : 그래.

교사 : (준이를 쳐다보며) 준이야~~ 네가 놀림을 당해서 속상했던 것은 이해가 되는구나. 누가 나를 놀리면 속상하지… 그런데… 속상하다고 연필을 던지면 될까?

준이 : (공손하게) 아니요~ 던지면 위험해요.

교사 : 그래~ 던지면 위험하단다. 하율아~ 네가 먼저 시작했으니 네가

Part 4. 학생지도 사례

먼저 사과해야 하지 않을까?

하율 : 준이야, 내가 놀려서 미안해~

준이 : 내가 연필 던져서 미안해~

교사 : 준이야 앞으로 그런 일이 있으면 어떻게 하면 좋을까?

준이 : (눈만 껌뻑껌뻑 거리면서 대답하지 못함)

교사 : 그럴 때는 스스로 해결하려고 하지 말고, 선생님한테 말해줄래? 그럼, 선생님이 이번처럼 양쪽 이야기 듣고 해결해 줄게. 처음에 네 얘기를 깊게 들어주지 못한 점은 선생님이 부족했다. 앞으로는 더 잘 들어줄게.

준이 : 네에~

동년배보다 체격도 크고 물건을 던지는 위험한 행동을 했던 준이는 교사들에게 종종 혼나면서 억울함이 쌓여갔던 듯 하다. 나도 처음에는 '지랄하네'라는 말을 듣고 큰 충격을 받았지만 다시 정신을 차려 나 자신에 대해 돌아보니, 준이의 '지랄하네'라는 표현은 '남의 속도 모르면서~'라는 표현임을 느끼게 되었고 준이의 속마음을 다행히 묻고 듣게 되어 하율이와 준이를 모두 교육할 수 있게 되었다.

1만 시간의 법칙을 능가하는 1번의 성찰

나는 교직 경력이 15년을 넘어가면서 웬만한 상황과 맥락에서 어떻게 행동하고 처신해야 하는지는 자연스럽게 익혀진 것 같다. 1만 시간의 법칙이라는 말이 있듯이 10년 넘게 교사로서의 업을 충실히 해나가다 보니 어떤 상황에서는 자동으로 문제를 해결하게 되는 것도 많아졌다.

하지만 '지랄하네'처럼 순간 멍해지면서 어떻게 대처해야 할지 모르겠는 상황도 펼쳐지기도 한다. 이런 상황을 극복하게 하는 힘은 성찰이다. 아이가 뱉은 '지랄하네'라는 말을 들은 상황에서 좌절하거나 분노하지 않고, 내 안에서 해결할 수 있는 방법(준이의 이야기를 깊이 경청하기)을 찾아 문제상황을 극복하는 것이다.

요즘 아이들은 예상치 못한 말과 행동을 하는 경우도 많아졌고, 학부모도 예전처럼 반응하지 않는다는 것을 많이 느끼게 된다. 교육과 교사, 학교에 대한 일반인들의 시각도 달라지고, 학교 안에서도 교장, 교감, 동료 교사 사이에서 복잡한 양상들과 상황을 겪으면서 나는 유연하고 혁신적으로 문제를 해결할 수 있는 능력 곧 성찰이 필요함을 느끼게 되었다.

사실 나는 성찰을 별로 하지 않는 사람이었다. 일기는 쓰지만, 사건을 기록하거나 감정을 나열하는 경우가 대부분이었다. 나이가 들수록 사건을 통찰하는 가운데 나아갈 방향을 정해야 하는 경우가 늘어갔다. 학생과의 관계에서는 친절하지만 단호하게 기준을 잡아줄 수 있어야 했고, 많은 것을 요구하시는 학부모님을 만났을 때는 혼란스러운 가운데 기준을 찾아야 했고, 나의 감정을 적절히 조절할 수 있어야 했다. 나중에 돌아보니 그런 과정이 모두 성찰의 과정이었다.

'내가 하고 있는 것이 과연 옳은 것일까?'

'내가 나도 모르게 부족한 것은 없었을까?'

'이 사건 속에서 내가 아이들에게 물려주어야 할 옳은 문화가 무엇일까?'

'나에게도 옳고 상대에게도 옳고 제삼자가 봐도 옳은 것은 무엇일까?'

이런 과정에서 나는 주변 사람들과 많은 대화를 했고, 깊은 이야기 가운데 나에게 깨달음의 질문을 던져주시거나 때로는 아프지만 나의 부족을 알려주시는 분들을 만나게 되었다. 당시에는 아프게 느껴지기에 서운한 감정도 들고, 나를 잘 모르시는 것이 아닌가라는 생각도 들었다. 그러나 돌아보면 객관적인 시각으로 피드백을 주신다는 것은 이미 나를 피상적인 관계로 대하지 않은 것이고, 나를 위하는 마음이 아니면 절대 할 수 없는 것임을 알게 되면서 정말 감사했다.

이런 성찰의 과정은 나도 모르게 나의 일부가 되어 이제 어렵고 당혹스러운 일을 만났을 때 곧바로 작동하게 되었다. 바로 '지랄하고 있네' 사건처럼 말이다.

'지금 내가 무엇을 알고, 무엇을 모르고 있는가?'

'내가 지금 잘하고 있는 부분과 부족한 부분은 무엇인가?'

이런 자동반사적인 반응들이 나의 힘이 되어 1만 시간 동안 익숙해졌던 생각과 행동의 패턴을 성찰하게 하고 합리적이고 이성적이며 관계 지향적인 더 나은 해결책을 찾아가게 되었다. 오늘도 나는 바란다. 나의 교직 생활에서 1만 시간의 법칙을 완성하고 능가하게 하는 성찰을 멈추지 않고 계속하기를 말이다.

왜 짜증이 났을까?
.
.
.
문제를 인식한 지금이
나의 인성이 성장할 좋은 기회지

일이 넘쳐 마음이 조급할 때

어휴~ 하필이면 제일 바쁜 시간에 왔네?

할 일이 많이 쌓여있는 바쁜 점심시간, 보건실 앞에 줄지어 서 있는 학생들 틈 속에서 6학년 수미가 보였다.

수미는 내성 발톱으로 치료받고 있는 학생이다. 발톱의 염증이 매우 심한 상태여서 생리식염수로 세척을 하고 소독약으로 소독한 다음 진물이 나서 거즈가 달라붙을 수 있으므로 바셀린 거즈를 붙이고 마지막으로 거즈로 감싸주는 등의 치료과정을 거치게 된다. 그래서 치료 시간이 25분씩 걸리는 학생이었다.

나는 그런 수미를 본 순간, '아니, 저 애가 하필이면 제일 바쁜 이 시간에 왔네?' 하는 생각과 함께, 마음 한편에서 스멀스멀 올라오는

짜증을 느꼈다.

　마침내 수미 순서가 되어서 치료를 하려고 발을 살펴봤는데, 발톱이 지난번보다 더 악화되어 있었다. 악화된 발을 보니, 내 안에서 참고 있던 짜증이 욱하고 올라와서, 불평하는 말을 툭 내뱉어 버렸다.

"왜 이렇게 악화시켜서 왔어? 집에서 소독을 왜 안 하는 거니? 이거는 원, 밑 빠진 독에 물을 붓는 것 같구나. 선생님이 아무리 잘 소독해줘도 악화시켜오니… 안 되겠다. 앞으로는 네가 집에서 소독을 안 하면, 나도 치료를 안 해 줘야겠어!"

표면적으로는 집에서 치료하라는 강력한 뜻을 보인 거라고 합리화하고 싶었다. 그러나 사실, 내 안에 짜증과 불평을 이기지 못해서 나온 마이너스 반응이었다. 아이는 그렇게 야단을 맞고는 주눅이 들어서 돌아갔다.

'수미가 다음에 또 보건실에 안 오면 어떡하지?'

걱정한 대로 며칠 동안 수미는 보건실에 오지 않았다. 아마도 집에서 소독을 잘 안 하니 올 수 없었을 것이다. 결국 수미가 오지 못하도록 내가 막은 꼴이 되어버린 것이다.

'아… 나까지 소독을 안 해주면 수미는 얼마나 아플까?'

하는 생각에 걱정되고 반성이 많이 되었다.

왜 짜증이 났을까

내가 짜증이 난 이유를 생각해 보았다.

첫째는 넉넉한 사랑이 안되는 나의 좁은 마음이 문제의 원인이었다.

하필 제일 바쁜 시간에 치료 시간이 많이 소요되는 아이가 오다니… 하는 생각은 사람을 돕고자 하는 사랑보다, 눈앞의 일 처리를 더 중요하게 여기는 마음이 남아 있어서였다.

둘째는 치료상태가 악화되어 온 것이 속상했다. 집에서나 병원에서 치료를 해야하는데 방치해 놓고 자꾸 악화시키는 것에 짜증이 났던 것이다.

그러면 어떻게 보완해야 할까

문제를 인식한 후에는 그다음 스텝이 중요하다. 이 상태에서 속상해하기만 하고 죄책감에 빠져있는 것은 나에게도 남에게도 아무 도움이 안 되기 때문이다. 그래서 나의 문제점을 어떻게 보완할지 생각해보았다. 나는 마음속에서 다짐하는 것부터 시작했다.

'문제를 인식한 지금이 나의 인성이 성장할 좋은 기회지. 보건실에 오는 학생들 한 명 한 명에게 더 마음과 정성을 쏟으며 치료하면서, 나부터 돕고 위하며 넉넉하게 사랑하는 사람으로 이루어가자!'

그리고 수미가 가장 바쁜 시간에 오는 것이 내 마음에 부담이 되었던 것이니, 내가 덜 바쁜 시간을 수미에게 알려주고, 또한 집에서 소독해야 하는 이유를 수미가 잘 인식할 수 있도록 더 자세히 설명해 주기로 마음먹었다.

나를 바꾸는 작은 실천들

나는 수미 담임선생님께 수미가 요즘 치료하러 안 오니 보내달라고 부탁하는 메시지를 드렸다. 그 덕분에 수미를 다시 만나게 되었다. 염려했던 대로 수미의 발톱 상태는 엉망이 되어 있었다. 나는 돕고 위하는 마음을 더 내어서 정성을 다해 소독해주었다.

교사 : 수미야, 선생님은 아침에 출근할 때가 가장 한가한 편이야, 그때
       오면 너를 더 여유 있게 치료할 수 있을 것 같은데, 올 수 있겠니?
수미 : 그때가 몇 시인데요?
교사 : 1교시 전에 오면 좋을 것 같아, 선생님은 8:30이면 와 있어. 그러
       니 그 이후에 오면 될 것 같아.
수미 : 네~

그 이후로 수미는 내가 출근하면 바로 왔다.
'내가 진작 수미에게 이것을 가르쳐 주었으면 서로 힘든 일이 없었을텐데... 바쁘지 않은 시간을 알려주니 나도 다급하지 않고 아이도 여유롭게 치료받을 수 있으니 좋구나'
이렇게 또 하나를 배우게 되었다.
그리고 소독해야 하는 이유에 대해서도 수미가 잘 이해할 수 있도록 자세하게 설명해 주었다.

교사 : 발을 씻으면 여기(발톱 주변) 딱지가 있는 속으로 물이 들어가서
       그것이 곪게 돼~ 그래서 물기를 화장지 등으로 꾹꾹 눌러서 제거
       하고 소독을 해 줘야 더 악화되지 않아.
수미 : 그런데 소독하려고 하면 동생들이 와서 밟아요.
교사 : 그래? 동생들에게 언니가 아프니깐 소독해야 하니 오지 말라고

말하지~

수미 : 동생들은 말해도 안 들어요

교사 : 그래도 수미가 언니니까 진중하게 잘 말해보렴

수미 : 네.

'아~ 그랬구나. 그런 사정이 있어서 소독을 못 했던 거였구나.'
수미의 입장이 이해되었고 안타까운 마음이 들었다.

수미는 그 이후로도 몇 번은 소독을 안 하고 왔었다. 그러더니 어느 날부터 발톱 상태를 보니 소독을 한 흔적이 보였다.

교사 : 어, 오늘은 발톱이 상태가 좋은데? 집에서 소독한 거니?

수미 : 네^^

교사 : 와, 그랬구나! 잘했다~~ 동생들이 달려들지 않았어?

수미 : 네, 동생들에게 잘 말하니 오지 않았어요.

교사 : 잘 되었네~ 발톱이 많이 좋아지니 선생님이 정말 좋구나~~^^

내가 진심으로 기뻐하니 아이도 미소를 지었다.

아이가 수다쟁이가 되었다

원래 수미는 숫기가 없고 말이 거의 없었다. 말없이 눈치만 살피는 것 같았다. 그러던 수미가 어느 날부터 묻지도 않은 말을 하기 시작했다.

    수미 : 선생님, 어제 학습발표회 했어요
    교사 : 오~ 그랬어~~? 너는 뭐 했는데?
    수미 : 노래요~ 잘했어요~^^
    교사 : 와 그랬구나~ 좋았겠네~

(다른 날 대화)
    수미 : 선생님, 1월 4일에 발톱 수술하기로 했어요
    교사 : 그렇구나. 어느 병원에서?
    수미 : ○○병원에서요
    교사 : 무섭지는 않니~~?
    수미 : 아빠가 전신마취하고 한다고 하셨어요. 벌써 3번째에요"
    교사 : 3번째구나~ 그래, 이번에 수술하고 나면 잘 관리하자~
    수미 : 네~^^

(또 다른 날 대화)
    수미 : 선생님, 내일 중학교 예비 소집일 이예요
    교사 : 오~ 그래~~? 중학교 가니 좋겠네~~

수미 : 아니요

교사 : 왜?

수미 : 선생님을 못 보잖아요~

교사 : 아~~ 그렇구나… 수미야~ 언제든 찾아오렴, 선생님은 여기에 계속 있을 거야~

수미 : 네~^^

　내가 더욱 사랑하는 마음을 실어서 아이를 진실하게 대하니 아이도 마음의 빗장을 열고 다가오는 것을 보면서, 교사인 내가 한 걸음 성장할 때마다 내 앞에 있는 사람들도 그만큼 더 행복하게 되는 것을 느끼고 참 감사했다.

　내 앞의 학생을 진심으로 잘 돕는 동시에 나 또한 행복한 교사가 되기를 원한다면, 반드시 교사 자신의 내면의 움직임에 초점을 맞추고 있어야 한다.

　흔들리지 않는 진실한 사랑으로 내 앞의 학생들을 돕는 것을 꾸준히 연습하다 보면 '어? 똑같은 상황인데 더 이상 짜증이 올라오지 않네?' 하는 나 자신을 발견하게 될 것이다. 사랑으로 넉넉해지고 있는 한 뼘 자란 나를 발견하는 기쁨은 덤이다.

　내 앞의 상황과 문제 해결에만 초점을 맞추면 문제를 해결하는 유능한 교사는 될 수 있지만, 수많은 사건과 민원에 치여서 피곤한 교사가 되기 쉽다. 그러나 이처럼 교사 자신의 내적인 성장에 분명한 목적을 두고 생활하면, 문제 해결의 방법도 찾게 되고, 그와 동시에 아이들도 변하고 교사도 더불어 행복하게 성장하는 세 마리 토끼를 다 잡을 수 있다.

피드백을
걸려 넘어지는 걸림돌로 둘 것인가?
아니면 딛고 올라서게 하는
디딤돌로 쓸 것인가
이것은 나의 선택이다!

부정적인 피드백을 들을 때

교원능력개발평가가 쏘아 올린 작은 공

어느 날 사서 도우미로 봉사활동을 하고 계시는 우리 반 학부모님께서 도서관 컴퓨터가 안 된다고 교실로 전화해서 도움을 요청하셨다. 도서관에 가보니 다행히 큰 문제는 아니어서 쉽게 고쳐드릴 수 있었다. 다 고쳐드린 후에 같이 문제가 없는지 확인하다가 밑에 내려져 있던 교원개발평가 창이 올라와졌고, 나에 대한 그 분의 평가를 의도치 않게 보게 되었다. 정확한 기억은 아니지만 5개 항목 중에서 4점 2개, 3점 2개, 2점 1개였던 것 같다.

나는 그때의 충격을 잊을 수가 없다. 내가 이렇게 열심히 하는데… 도대체 왜? 왜? 왜! 그 학부모님의 자녀가 나를 담임으로 만난 후 얼마나 많이 달라졌는데… 그 아이는 더 이상 수업 시간에 드러눕지도 않고, 욕도 줄었고, 아이들하고도 안 싸우게 되었는데… 등등 일련의 생각들이 떠오르면서, 나는 정말 이 평가를 이해할 수가 없었다. 하지만 점수는 평가자의 자유 권한이 아니던가. 나는 억울한 마음을 달래면서 어머니께 아무것도 물어보지 않은 채 교실로 내려왔다.

한 달 뒤 나의 교원능력개발평가 점수는 전체평균보다 낮게 나왔다. 교직 경력 11년 동안 평균보다 낮은 점수를 받은 것은 그때가 처음이었다.

'내가 평균만도 못한다니…' 나는 어이가 없고 기가 막히고 억울했다. 인성교육 모임에서 한 선배 교사와 이 상황에 대해 이야기를 나누었다.

나 : 전 자신할 수 있어요. 저는 정말 그 아이를 돕고 싶어서 퇴근 전까지 노력하다가 집에 와서 잠들기 전까지 고민했어요. 다른 아이들이 그 아이를 미워하지 않고 이해할 수 있도록 대화도 해주었고… 심지어 그 학부모님도 아이가 학업능력도 좋아지고, 친구들과도 사이가 좋아진 것 같다고 감사하다고 하셨어요. 그런데 어떻게 저한테 5점 만점을 안 줄 수가 있지요? 아니… 5점은 그렇다고 해도 2점짜리는 왜 나온 건지 정말 이해가 안 돼요!

선배 : 저도 선생님을 지켜봐 왔기에 잘 알고 있어요. 선생님이 그 아이를 얼마나 사랑하고 노력했는지요. 하지만 그 어머니를 사랑한 것은 아니잖아요.

나 : 그게 무슨 말씀이세요? 교사가 내 자녀를 사랑하면 학부모 입장에서는 당연히 고마운 마음이 드는 거 아니에요? 자기 자녀가 그렇게 많이 변했는데… 그러면 고마운 마음에 교사 평가 점수를 높게 줘야 하는 거 아닌가요?

선배 : 고마운 마음은 있으시겠지요… 그러나 선생님이 자신을 어떻게 보고 있는지는 느껴지잖아요. 선생님은 그 아이 만큼 그 어머니를 사랑하고 돕고 싶은 마음이셨어요?

나 : 그건 아니었어요.

선배 : 왜요?

나 : 왜냐하면 그 아이는 발달 장애도 아니고, 가정에서 교육만 잘하셨으면 정말 괜찮았을 아인데요. 어머니께서 하나밖에 없는 아들이라고 귀하다, 아직 어리다고 하면서 어리광을 받아주기만 하신 거예요. 그래서 아이는 배워야 할 것을 못 배우고, 오히려 퇴행하는 것 같았거든요. 제가 볼 때 어머니의 잘못된 교육 때문에 인성 교육의 결정적 시기를 놓친 거 같아서 안타까웠어요.

선배 : 그러니까 어머니가 잘못했다는 것이지요?

나 : 네…

선배 : 선생님의 그 마음이 어머니에게 느껴지는 거지요. 우리 아이를 도와줘서 감사하기는 하지만… 자신에 대한 선생님의 감정이 긍정이 아니라 부정이라는 것이요.

나 : 전 그 어머니께 뭐라고 한 적은 한 번도 없었는데… 부정의 마음이 어떻게 느껴졌을까요?

선배 : 마음으로는 다 느껴지지요. 선생님은 다른 사람이 선생님에 대한 감정이 부정적이면 느껴져요, 안 느껴져요?

나 : 아… 느껴져요. 그렇군요… 그런데 학생들 사랑하는 것만도 바빠 죽겠는데, 왜 교사가 학부모까지 사랑하고 도와야 하지요? 그분은 어른이잖아요.

선배 : 사람을 사랑하고 돕는데 나이가 상관있나요?

나 : (곰곰이 생각해보니, 정말 맞는 말씀이었다) 음… 정말 상관없네요.
(막혔던 생각이 뚫리니 더 좋은 생각이 솔솔 따라 들어오면서) 아! 생각해보니 그 어머니가 변화되어야 우리 반 학생이 변하겠네요. 그 어머니를 변화시키려면 제가 어머니를 사랑하면서 도와야만 할 것 같아요.

선배 : 맞아요~~! 사랑을 해야 그 사람이 나의 말을 기쁘게 듣지요. 그리고 선생님께서도 더 넓고 깊은 사람이 되시고요.

인성교육 모임에서 선배 선생님과 대화를 나누면서 나는 학부모님에 대한 나의 마음이 부정이었다는 것을 인식하게 되었다. 그것을 발견하게 된 것은 나에게 엄청나게 큰 소득이었다. 왜냐하면 문제의 해결점을 찾았기 때문이다. '내가 받은 부정 평가는 사실 내가 먼저 보낸 부정에 대한 메아리였구나!' 이렇게 생각이 정리되니 '내가 얼마나 노력했는데 점수를 짜게 주다니 어처구니가 없다.'라는 분한 마음은 차츰 가라앉고 평온함이 찾아왔다. 그러면서 나는 나 스스로 무엇부터 바꿔야 할지를 고민하게 되었다. 그리고 나의 한계도 발견하게 되었다. 나도 모르게 나보다 어린 사람만 도와야 하고, 사랑해야 한다고 생각하고 있었던 것이다.

'그래! 이제 그분을 부정으로 보지 말자. 그분도 이유가 있을 거야. 학부모님께 아이를 예뻐만 하는 게 사랑이 아니라, 교육적인 사랑을 하면 얼마나 좋은지 하나하나 차근차근 가르쳐 드리자!' 나는 이렇게 마음먹고, 반 아이들을 돕고 사랑할 때처럼 정성을 다해 마음을 보내면서 학부모님과 대화해 나갔다. 그 해가 지나고, 다음 해, 또 그다음 해에도 학부모님께서는 내게 예쁜 꽃과 명언 사진을 꾸준히 보내주셨다. 내가 그 아이의 담임이 되지 않았음에도 말이다. 보내주시는 꽃을 볼 때마다 내가 그분께 직접 여쭙고 확인해 본 건 아니지만, 교원능력개발평가를 했던 당시보다 나에 대한 마음이 더 좋아지셨기 때문이 아닐까… 하는 생각이 들었다.

교원능력개발평가, 걸림돌이 될 것인가? 디딤돌이 될 것인가?

솔직히 처음에는 황당하고 속상했다. 그러나 낮게 받은 교원능력개발평가 점수 덕분에 학부모에 대한 내 속마음의 부정을 인식하게 되었고, 학부모님을 정성껏 도와야 한다는 목표 의식이 생기게 되었다. 그로 인해 내가 한계를 그어놓고 스스로 넘지 못하고 있던 한계점을 넘어 그 이상으로 성장하는 계기가 되었다. 그러면서 그동안 잊고 있던 교원능력개발평가에 대한 다른 선생님들의 사건도 떠올리게 되었다.

예전에 같은 학년 옆 반에 30대 후반의 키도 크고 훤칠하게 잘 생기신 남자 선생님이 있었다. 그분은 아이들과 친구처럼 친하게 지내면서 올해처럼 아이들과 관계가 좋은 적은 없다고 말씀하시곤 했었다. 그런데 교원능력개발평가 결과가 이 남자 선생님이 느낀 것과는 너무나도 다르게 나오고 말았다. 학년에서 가장 낮은 평균에 서술형에도 '담배 냄새가 너무 많이 납니다.' 등등 선생님을 서운하게 하는 말들이 적혀있었던 것이었다. 이것이 문제의 시작이었다. 선생님께서는 학년 회식에서도 이 말씀을 하시면서 서운함을 내비치셨고, 심지어 아이들에게도 '너희들 정말 너무한다.'라는 말을 한 달 내내 했다고 한다. 아이들도 선생님의 그런 반응에 놀라서인지, 학급신문을 만들 때 "올해에 일어난 가장 기억에 남는 사건 Top 5"

로 '교원능력개발평가의 후폭풍'을 뽑았다고 한다.

같은 해에 교장선생님의 교원능력개발평가 점수도 엄청 낮게 나왔다. 소문에 의하면 한 선생님이 모든 평가 영역에서 1점을 주어서 전반적인 평균이 엄청 낮게 나왔다고 한다. 이에 교장선생님께서는 억울해하시며 누가 나에게 그렇게 점수를 낮게 준 것 같냐고 교무부장님을 비롯한 부장님들께 물어보셨다. 나는 그 모습을 보면서 색출하는 듯한 교장선생님의 대응은 별로라고 생각이 들었다. 그러나 내 일이 아니었으므로 더 이상 깊이 생각하지 않고 쉽게 잊혔다.

교원능력개발평가로 마음고생을 하고 나니 비로소 그 사건들이 떠올랐다. 뜻밖의 예상치 못한 피드백으로 마음은 몹시 아플 수 있다. 하지만 교원능력개발평가와 같은 피드백을 나를 아프게 하는 존재 즉, 걸려 넘어지는 걸림돌로 둘 것인가? 아니면 딛고 일어나 나를 한 단계 위로 올라가게 하는 디딤돌로 쓸 것인가? 이것은 나의 선택이다. 피드백을 듣는 순간의 감정은 어찌할 수 없었다고 해도, 피드백을 통해서 내가 보지 못했던 부족을 찾고 변화하는 것은 선택의 영역이다. 피드백을 주는 상대의 의도가 선하든 선하지 않든 상관할 것 없이, 나는 그것을 디딤돌 삼아 나를 업그레이드하면서 살면 되는 것이다.

하기 싫은 것 해보는 것도 공부
인생은 공부야

하기 싫은 일을 하라고 할 때

화장실 점검을 하라고요, 나보고?

근무하다 보면 다양한 일들과 사람들을 만나게 된다. 그런데 그런 상황들이 내 생각과 마음에 맞지 않으면 부딪침이 생기고, 그 순간 내가 어떤 생각(마음)과 행동을 선택해가느냐에 따라서 내 마음이 괴로움에 빠질 수도 있고, 나의 인성을 성장시키고 일도 잘 해결되어 즐겁게 근무를 할 수도 있게 된다.

어느 해 학생 수가 450명 정도 되는 학교에 발령이 났다. 그 지역은 처음 가 본 지역이었고 지역마다 풍토가 있는데 그 풍토가 낯설어서 열심히 적응하던 중이었다.

어느 날 교감 선생님이 불러서 가 보니 "선생님, 매일 출근하시면 화장실을 쭉 돌아보시고 미비한 것이 있으면 조치를 취하세요" 뜬금없는 이 말씀에 나는 놀랐다.

'화장실 청소는 용역업체에서 파견 나온 사람이 알아서 다 하는데, 나더러 화장실을 살피라니! 지금 몇 년도에 살고 계시지? 이건 몇십 년 전으로 다시 돌아가는 생각이신데!'

이런 생각이 들면서 속에서 불편한 마음이 쑥 올라왔다.

"교감 선생님, 화장실은 용역업체에서 하고 있지 않나요?"
"그렇지요. 그런데 그 관리를 선생님이 하시라는 거예요. 청소가 미비한 것은 없는지, 필요한 물품이 떨어진 것은 없는지 살피라는 거죠!"
'아니, 보건실에 환자가 얼마나 많이 오는데, 왜 내가 아이들을 방치하고 그 많은 화장실까지 돌면서 살펴야 하는 거야?'

교감 선생님의 말씀에 더욱 불편한 생각이 들면서

교사 : 교감 선생님, 보건실에 환자가 얼마나 많이 오는데요, 굳이 제가 화장실까지 점검해야 하나요?

교감 : 네 화장실 관리도 학생 건강관리의 일환이니 보건교사가 관리해야지요.

교사 : 교감 선생님, 제가 이 학교에서 하는 업무가 얼마나 많은지 모르시지요? 이전 학교에서 안 하던 업무 7개를 더 하고 있어요. 그런데 화장실까지 매일 점검하라고요? 저는 못 합니다!!

교감 : 그래요? 그러면 그렇게 바쁘시면 내가 점검하는 수밖에 없군요. 내가 하지요!!

　나중에 알고 보니 이것은 교장 선생님의 지시사항이었고, 교감 선생님은 그것을 내게 전달하는 입장이었다.

나는 교감 선생님과 이렇게 부딪친 상황이 매우 불편했다.
'어떻게 해야 하나? 그렇다고 교감 선생님더러 화장실을 점검하라고 할 수도 없는데…'

그러나 나는 화장실 점검을 하기가 정말 싫었다. 화장실에 얽힌 좋지 않은 기억들 때문이었다.
나의 초임시절(지금으로부터 30여년 전)에는 화장실 청소를 아이들이 하고, 그 관리를 보건교사들이 했었다. 그러나 아이들이 청소를 얼마나 제대로 하겠는가? 그러다 보니 보건교사들이 관리하면서 매번 다시 청소해야 하는 일이 많았다. 특히 장학사가 오기 전날은 하루 종일 화장실을 청소하고 소독하느라 온몸에 소독약 냄새로 목욕을 했었다.
심지어 한 동료 보건교사는 '내가 이런 일을 하려고 그렇게 공부하고 노력했던가?' 하는 회의감에 울면서 청소하기도 했다고 한다.

다행히 어느 해부터인가 학교에 청소용역이 들어오게 되었다.
그 이후로 아이들과 보건교사들 모두가 화장실 청소에서 벗어나 살 것 같았는데, 이 학교는 사라졌던 그 일을 나에게 다시 하라고 하는 것이 아닌가!
이런 생각에 속에서는 화가 나고, 보건교사를 화장실 관리하는 사람 정도로만 취급하는 관리자들이 아닌가! 하는 부정적인 생각들이 더해지면서, 나는 더욱더 그 일이 하기 싫어졌다.

부정적으로만 생각하지 말고
긍정적으로 생각해 보면 어떠세요?

그렇지만 마음 한편은 계속 편안하지 않았다. 그러던 중 이런 내 생각을 인성 교육 공부를 같이하는 선생님께 이야기하게 되었다.

선생님께서는 "그렇게 부정적으로만 생각하지 마시고 긍정적으로 생각해 보면 어떠세요? 그리고 학교장이 지시한 것을 안 하면 서로 불편하잖아요?"

"그런데 사실 아이들이 보건실에 많이 오는데 그 시간을 내기가 부담스럽기도 해요"

"그러면, 문 앞에 '지금 보건 선생님은 화장실 순시 중'이라고 붙여놓으시면 어때요? 그러면 아이들도 돌아갔다가 다시 오거나 기다릴 것이고, 그 기다리는 아이들이 많아지면 바로 옆방에 계신 (교장실이 보건실 옆) 교장 선생님도 이것은 부당한 일이구나 하고 지시를 바꾸실 수도 있잖아요?"

선생님의 조언을 듣고 다시 곰곰이 생각해보게 되었다.

'내가 화장실 점검을 하기 싫은 진짜 이유가 무엇이지?

그래! 부정적인 측면만 생각했기 때문이구나!
그러면 다시 긍정적으로 생각해 보자.'
'화장실이 청결하지 못하면 학생들이 불편하고 비위생적이지 않는가? 내가 관리해서 청결하게 만들어 놓으면 교직원과 학생들이 안심하고 사용하게 될 테니 그들을 돕는 것이 아닌가? 그래~ 아이들을 돕는 마음으로 하면 되지~~'
'화장실을 매일 한 바퀴 도는 일이 그리 힘든 일은 아니잖아? 내가 하기 싫은 이 마음이 문제지, 그럼 하기 싫은 이 마음이 뭐야? 게으른 마음이잖아? 내 속에 게으름을 이기는 공부를 하자!'
'그 많은 화장실을 매일 돌게 되면 저절로 운동도 되겠는데?'
'이렇게 마음이 힘든 것보다 몸이 조금 더 힘든 게 훨씬 더 낫지!'
이렇게 생각하며 마음을 긍정적으로 다잡고 몸을 일으켜 움직였다.

하기 싫은 것 해보는 것도 공부! 인생은 공부야!

일단 안내문을 프린트해서 '지금 보건교사는 화장실 순시 중임' 이렇게 붙여놓고 화장실을 돌기 시작했다.
처음에는 그저 '하기 싫은 것 해보는 공부를 하자' 하는 이 한 마음으로 시작했다. 그런데 매일 돌다 보니 내 눈에 화장실이 들어오기 시작했다. 화장지가 마구 풀어져서 어지러워져 있는 곳에서는 화장지를 주워서 쓰레기통에 버렸고, 변기에 변이 그대로 있는 곳에서는 물을 내렸다. 그렇게 치우고 나오면서 뒤돌아볼 때, 지저분했던 화장실이 깨끗한 화장실로 변해 있는 것을 보면 우리 아이들도 깨끗하게 쓸 생각에 마음이 흡족해졌다.

'깨진 유리창의 이론'이라는 것이 있지 않은가? 깨끗한 곳에서는 사람들이 더욱 깨끗함을 유지하려고 하지만, 지저분한 곳에서는 사람들이 지저분해도 된다는 생각에 본인도 지저분하게 사용하게 된다고 한다.

바닥에 화장지가 떨어져 있지 않으면 화장지를 휴지통에 계속 잘 넣지만, 화장지가 하나, 둘 바닥에 떨어진 게 보이면 그다음 사용자도 화장지를 휴지통에 잘 넣지 않아도 된다는 흐트러진 마음이 들게 되는 법이다. 그런 생각들을 하니 화장실 관리가 꼭 필요한 것이고, 내가 하는 일이 중요한 일이라는 생각이 들면서 더욱 즐겁게 일하게 되었다.

주도적으로 하면 안목도 넓어진다

그러면서 '화장실을 더욱 안락하고 아름답게 하려면 어떻게 하면 좋을까?' 하는 생각이 들어, 화분도 가져다 놓고 좋은 글들도 붙여 놓게 되었다.

처음에는 시켜서 마지못해 하는 일이라 싫은 마음이 앞섰지만,

긍정적으로 마음을 돌이키고 내가 주도적으로 즐겁게 마음을 쏟으면서 관리하다 보니, 화장실 관리하는 안목도 넓어져 갔고 나중에는 심지어 고속도로 휴게실의 화장실도 더 눈여겨보게 되었다.

그다음으로 옮긴 학교에서도 화장실 점검을 보건교사인 나에게 하라고 하셨다. 아마도 이 지역 교장단들의 생각이 그런 듯했다.

그런데 나는 이미 이전 학교에서 즐겁게 해 왔던 일이었기에 넉넉한 마음을 갖고 주도적으로 해 낼 수 있었다.

일이 힘든 것이 아니라, 그 일을 하기 싫은 부정적인 마음에서 기인한 생각들이 나를 힘들게 한다는 것을 분명히 깨닫게 된 그 사건 덕분에, 나는 어떤 새로운 일을 맡게 될 때마다 내 생각과 마음을 긍정적으로 돌이키는 것부터 하곤 한다.

내 생각과 마음을 긍정적으로 돌이키는 이것이 만 가지 할 일 중에 가장 먼저 할 일임을!!

적극이란

하고자 하는 의지(I will do it!)와 실천력이다

또한 능동적으로 새로운 시도를

해보는 태도이다

그래서 적극적인 사람은 어려움에 부딪쳤을 때

긍정적으로 극복해 나가는 방법을 찾아나간다

이런 과정에서 창의성이 발휘되고

리더가 된다

내가 할 수 있는
최선의 방법은 바로
나보다 나이가 어리든 많든 상관없이
열심히 묻고
과감히 배우는 것이었다

잘하고도 비난 받을 때

선생님이 지금 우리한테 피해주고 있는 거예요

친하게 지낸 후배 교사가 3월 둘째 주에 우리 교실 근처 복도에서 있었다. 나에게 할 말이 있어서 온 듯했는데 마침 부장 회의가 있어서 교무실로 급하게 가던 중이었기에 나중에 만나자고 말하고 헤어졌다. 그리고 2주가 지나서야 그 후배 교사의 절친으로부터 후배 교사가 겪었던 일을 듣게 되었다.

후배 교사는 2월 28일에 학부모에게 3월 2일에 대한 안내(교과서, 준비물 등)를 메시지로 보내야 하는지 궁금해서 학년 SNS 단체방에 학년 선생님들의 의견을 물었는데 본인을 포함한 5명 중 2명이 메시지를 보내는 것을 동의했고, 부장님을 비롯한 한 명의 선생님은 답을 하지 않았다고 했다. 그래서 하루를 기다렸는데 읽었음에도 답이 없어서 더 이상 미룰 수 없다고 판단하여 3월 1일에 학부모님께 문자메시지를 보냈다고 한다. 그리고 개학일 3월 2일 첫 학년 모임에서 아래와 같은 일이 생겨버렸던 것이다.

A 교사 : 오늘 제가 얼마나 기가 막힐 일이 있었는지 아세요? 한 아이가 쉬는 시간에 나오더니 "선생님은 문자 메시지 왜 안 보내주셨어요?"라고 하는 거예요. 그래서 제가 "누가 문자 메시지를 보냈는데?"라고 물어봤더니 "저는 몰라요."라고 하더라고요. 그래서 "그런 선생님은 우리 학년에 없어"라고 했어요.

부장 교사 : (기분 나빠하면서) 저도 동네 맘 카페에 가입되어 있는데 우리 학년 어떤 반 선생님이 올린 문자가 돌고 있더라고요. 우리 반 선생님은 이런 것도 올려준다고 자랑하면서요. 도대체 누가 올린 거예요?

후배 교사 : 제가 올렸어요~

후배 교사는 그때부터 15분 동안 어떻게 그럴 수 있냐는 말부터 시작해서 그 행동 때문에 우리만 욕먹었다는 말을 계속 들었다고 했다. 그 이야기를 전해 듣고 나는 너무 속상했다. 학부모님께 도움을 주는 행동(안내 메시지)을 한 것에 대해 박수를 받지 못할지언정 비난을 들었다는 것 자체가 안타까우면서도 속상했다. 맘카페에서 비교당하는 것에 대한 속상함을 후배 교사에게 화풀이 식으로 몰아간 2명의 교사에게도 안타까운 마음이 들었다. 나도 3월 2일에 대한 안내 메시지를 보내지 않은 교사 중의 한 명이다. 그러나 맘카페든 홈페이지든 교무실에 민원전화든 어떤 식으로든 민원이 들어오면 그것에 대한 교육적 판단의 이유를 적절히 설명하면 되는 것으로 생각한다. 나의 경우는 3월 2일에 아이들에게 나에 대한 소개 글, 학급경영 안내문, 준비물 등을 나눠주기 위해 출력물을 준비해 놓은 상황이었고, 첫날에는 교과서 없이 학급경영 및 담임 소개, 친구들에게 학생 본인 소개, 친교의 시간 등 하루를 계획해 놓았기 때문에 안내 메시지를 보내지 않았던 것이다. 다른 선생님들도 안내문을 보내지 않은 이유는 각자 있었을 것이다. 그것을 학부모에게 잘 설명해드리면 되는 것이지 학년 통일을 하지 않았다며 후배 교사를 야단치는 것은 미성숙한 행동이었다고 생각이 되었다. 후배 교사는 심지어 학년 전체적으로 통일을 하기 위해 단톡방에 의견을 물었음에도 불구하고 답을 안 준 채 이런 행동을 했다는 것이 안타까웠다.

하향평준화의 길에서 벗어나는 방법 1 : 공유하기

내가 임용고시에 붙었을 때 나의 친척 어르신 중 한 분이 "너도 이제 방학 때 놀면서 월급 받겠구나?"라고 말씀하셨다. 사회에서 공

무원을 철밥통이라고 보는 시선을 의식하지 않을 수 없었다. 주변에 기업 및 직장에 들어간 친한 지인들의 이야기를 들어보면 남들과의 경쟁에서 살아남기 위해 퇴근 후에 다른 언어를 배우기도 하고, 새벽까지 일하는 등 생존을 위해 살아가는 이야기가 교사들의 세계보다 더 치열하게 느껴진 적도 있었다. 그래서 나는 늘 철밥통이 되지 않아야겠다고 스스로 다짐했고, 변화하는 사회에서 여러 가지 역량을 갖추기 위해 열심히 노력했다.

어느 사회에서든 비교는 당연하다. 우리가 가는 마트만 봐도 이 마트는 과일이 달고 저 마트는 물건이 다양하다는 것을 당연히 알고 있듯이 우리는 매 순간 비교하고 있다. 어린이집이든 학교든 학원이든 마찬가지이고, 이 선생님과 저 선생님의 장단점이 다르니 비교는 당연하다. 그러나 이런 비교를 부담스러워하고 스트레스를 받으면서 잘하는 교사를 끌어내리는 것은 하향평준화로 가는 지름길이라고 생각한다.

이번에 후배 교사의 이야기를 들으면서 나에게도 있었던 비슷한 경험이 떠올랐다.

신규 교사였을 때 나는 스펀지같이 선배 교사들의 노하우를 다 흡수하고 싶었고, 교육대학교에서 배운 것을 200% 이용하고 싶었다. 그래서 수학 교구도 직접 크게 제작하고 외국 사이트에서 본 미술 활동을 아이들과 해보기도 했다. 그러던 어느 날 옆 반의 30대 후

반 여자 선생님께서 이렇게 말씀하셨다.

옆 반 교사 : 선생님 열심히 하고 싶은 것은 이해하는데, 선샍님만 그렇게 하면 학부모님이 비교하고, 비교하면 말 생겨요. 그러면 선생님 때문에 우리가 피해당하는 거야~.

너무 충격적이었다. 내가 열심히 하면 할수록 옆 반 선생님 또는 같은 학년 선생님께 피해를 준다는 말인가! 나는 혼란스러웠고 속상했다. 뭔지 잘 모르겠지만 억울하기까지 했다. 그러던 어느 날 내가 존경하는 선생님께 옆 반 선생님과 이런 일이 있었다고 대화하게 되었다.

교사 : 그분은 자신이 열심히 하지 않으면서 상대도 열심히 못 하게 하네요. 그러면 점점 하향 평준화되는 거예요.
나 : 정말 그렇네요.
교사 : 그러면 이제 어떻게 하실 거예요?
나 : 모르겠어요.
교사 : 선생님이 하려는 것들을 옆 반 선생님들한테 다 공유해주세요. 그러면 그분들도 하든 하지 않든 이런 것도 있구나 할 수도 있고, 하게 되면 같이 하게 되는 것이고요. 선생님도 다른 사람을 도울 수 있는 넓은 사람이 되게 되고요.

나 : 정말 그렇네요. 감사합니다.

후배 교사 덕분에 까맣게 잊고 있었지만 내 안에 옳은 가치기준을 잡게 도와준 이 대화가 떠올랐고, 혹시 후배 교사도 나처럼 당황스럽고 혼란스럽지 않을까 하는 생각에 전화를 걸게 되었다. 그리고 예전에 내가 겪었던 사례와 해결 방법을 전해주었다. (실제로 나는 내가 하려는 활동을 자연스럽게 공유하는 사람이 되었고 같은 학년에게 그런 이야기를 또다시 들은 적은 없었다.)

후배 교사 : 선생님~ 정말 감사드려요. 저 정말 이 전화 아니었으면 제가 잘못했다고 생각할 뻔했어요. 그리고 저도 지금 공유드라이브에 제가 하고 있는 자료를 다 공유하고 있어요. 그런데 이렇게 전화주셔서 정말 감사드려요. 큰 힘이 되어요.

나 : 저도 그렇게 도움받았던걸요. 그리고 선생님이 나이 들어서 누군가 이런 상황에 부닥쳤을 때 도움을 줄 수 있었으면 좋겠어요. 그래야 그런 일로 고생하는 사람이 더 이상 없지요.

후배 교사 : 그런 생각까지 하셨군요.

하향평준화의 길에서 벗어나는 방법 2 : 과감하게 배우기

나도 경력이 차곡차곡 쌓이면서 부장도 되고 업무의 양도 많아지게 되었다. 그러면서 예전보다 학급경영이나 교과 지도에 쏟는 에너지보다 업무에 쏟는 에너지가 더 많아졌다. 그러던 어느 날 옆 반 선생님이 칭찬 샤워, 코딩 등 내가 하지 않는 다양한 활동들을 하는 것을 창문 넘어 확인하면서 묘한 감정을 느끼게 되었다.

'나도 부장이 아니면 저렇게 할 수 있었을 텐데…'

'업무가 조금만 적었더라면 나도 재미있는 활동으로 재구성할 수 있었을텐데…'

라는 생각이 획획 지나가면서 알 수 없는 질투와 속상함이 생겼다. 어떤 날은 아이들이 대놓고 칭얼거리면서 속상한 나의 마음에 기름을 붓기도 했다.

> 학생 : (불만 가득한 표정으로) 옆 반은 밖에 나가서 나뭇가지도 주워서 뭐 만드는데 우리는 안 나가요?
> 교사 : 나뭇가지로 뭐 만드는데? 어떤 교과와 연관이 있어?
> 학생 : 몰라요.
> 교사 : 알아보렴~ 뭔지도 모르고 나갈 수는 없잖아.
> 학생 : (볼멘소리로) 옆 반은 재밌는 거 하는데 우린 또 국어야…

이런 불만과 불평을 듣고 있노라면 예전에 열심히 하는 내가 다른 교사들에게 피해를 준다는 선생님 마음이 이런 속상함에서 나왔나? 하는 생각이 들었다. 하지만 열심히 하려는 사람의 마음을 꺾을

수는 없으니 방법을 찾아야 했다.

　일이 많아서 업무하다가 시간이 다 가버리기 일쑤이고, 혼자서 연구하면서 책을 읽으며 다양한 사이트에서 자료를 찾아볼 시간이 없다고 느껴질 때, 하지만 옆 반과 비교당하고 싶지 않고 나도 학생들에게 최선을 다하고 싶을 때 내가 할 수 있는 최선의 방법은 바로 나보다 나이가 어리든 많든 상관없이 열심히 묻고 과감히 배우는 것이었다. 재미있어 보이는 활동은 어떻게 하는지 물어보고, 자료를 얻을 수 있는지 부탁도 해보고, 나보다 젊지만 일이 빠른 사람은 노하우가 있는지 물어봤다. 그랬더니 정말 배울 것이 많았다. 젊은 사람에게는 젊은 사람들만의 간편하고 합리적인 문화가 많았고, 창의적인 수업 아이디어도 많았다. 나보다 선배이신 분들은 오랜 경력에서 나오는 목표, 과정, 평가를 꿰뚫는 깊은 안목을 가지고 계시는 분이 많았다. 결국 배우는 것이 답이었다.

　2019년 코로나19로 인해 교육 현장은 갑자기 원격수업을 하게 되었다. 나는 20대에 각종 동영상 편집, 플래시 제작 등의 ICT 관련 연수들을 많이 받아놓아서 동영상을 직접 기획하고 촬영, 편집하여 학생들에게 원격수업을 제공할 수 있었다. 배울 때는 고되고 어려웠지만 미리미리 배워놓은 것이 감사하고 천만다행이라는 생각이 들었다. 지금은 메타버스, VR 등을 이용한 수업을 잘 알지 못해서 연수를 들으려고 한다. 미래의 교육 현장이 어떻게 변화할지 나로서는 예측이 어렵기 때문에 틈나는 대로 배워두려고 한다.

젊으면 젊을수록 새로운 변화를 자연스럽게 받아들일 수 있지만, 나이 들수록 새로운 것에 대해 의도적으로 시도해봐야 한다고 생각한다. '헉! 이것까지?' 하는 생각이 들 때도 있다. 그럴 때는 '와~~ 저런 것도 하네, 저런 것도 있네. 나도 하자! 나도 얼른 배워서 해보자.'라고 생각을 고쳐먹으면 신기하게도 마음이 편해지면서 의욕이 올라오는 것을 느낀다.

정직(正直)은

거짓이 없는 것이다
거짓말하지 않는 것이다
속이지 않는 것이다
바르고(正) 곧은(直) 길이다

그래서 목표로 가는 가장 빠른 길이다

정직했을 때 일어나는 일

대충 훑어보기 vs 정직하게 점검하기

학교마다 학교 교육환경 보호구역 관리를 하게 되어 있다. 이 업무 중의 하나는 학교 주변 200m 내에 호텔, 유흥주점, 노래방 등의 유해업소가 있는지를 1년에 2회씩 점검을 하게 되어 있다.

새로 옮긴 학교에서 그 업무가 내게 맡겨졌다. 그래서 그해 첫 점검을 나갔다. 점검 나가기 전에 교육환경 보호구역 지도를 휴대폰으로 사진 찍고 그 지도를 보면서 주욱 돌았다.

전임자는 인수인계하면서 "우리 학교 근처에는 유해업소가 없어요"라고 말해서 그럴 것이라고 생각하고 대충 훑어볼 수도 있었지만, 나는 정직하게 하고 싶었다. 이 학교는 처음이니 그래도 내가 확실하게 눈으로 확인하고 있어야 누구에게라도 당당하게 말할 수 있다 생각되었기 때문이다.

지도를 보면서 업소의 지번도 살피며 점검을 해 나갔다. 그러던 중 한 곳에서 의심스러운 점을 발견하게 되었다. 우리 학교 교육환경 보호구역 200m 경계에 노래방 하나가 지하에 있는 것이다. 지도를 다시 확인하고 지번을 확인해도 딱 경계에 있었다.

'예전에 있던 곳인가? 지금은 영업을 안 하나?'

그래서 지하로 들어가 보니 문은 잠겨있었다. 혹시나 하고 전화를 걸어보니 받지를 않았다.

'역시 폐업을 한 곳인가보다. 그래서 유해업소가 없다고 했나 보네'

이렇게 생각이 되어서 지도에 체크하고 학교로 돌아왔다.

유해업소가 있다고 나와요

그래도 확실한 것이 좋을 듯하여 교육지원청에 문의해 보았다. 교육 환경 유해업소는 교육지원청에서 관리하고 있기 때문이다. 교육지원청 담당 팀장님은 우리 학교에는 유해업소가 없다고 하였다.

교사 : 그렇지요? 그래도 한 번만 더 확인해 주시겠어요? 지번은 OOO이

고요, 상호는 ○○ 노래방이에요.

팀장 : 잠시만요, 한 번 더 확인해 볼게요.

교사 : 네, 감사합니다.

팀장 : 어, ○○ 노래방요? 등록이 되어 있어요. 2009년도에 등록되어 있는데요, 유해업소로요. 그리고 지금도 영업하고 있다고 나와요.

교사 : 그래요? 그런데 왜 저희는 유해업소가 없다고 알고 있었을까요? 그렇게 10여 년 전에 등록되어 있었는데도요?

팀장 : 그러게요, 뭔가 오류가 있었나 봐요.

교사 : 그럼, 저희 학교는 유해업소가 한 곳 있는 것 맞지요? 그렇게 관리하면 되지요?

팀장 : 네, 그렇게 해야 할 것 같네요. 발견해주셔서 감사해요~

유해업소가 13년 동안 누락된 것이었다. 내가 누락된 것을 발견하다니 다행이라고 생각했고 뿌듯한 기분마저 들었다.

유능해지고 당당해지는 비결

이 사실을 관리자도 알고 있어야 하므로 교감 선생님께 말씀을 드렸다.

교감 : 어떻게 그것을 찾아내셨어요? 대단하세요, 선생님, 수고하셨습

니다~^^

교사 : 아니에요, 지도 보면서 꼼꼼히 살펴보다가 발견하게 된 거예요.

교감 선생님으로부터 인정을 받게 되니 기분이 좋고 뜨거운 날씨에 땀을 흘리면서 점검 다녀온 보람도 느끼게 되었다.

사실 해마다 1년에 2회씩 교육 환경보호 구역 점검을 도는 일은 귀찮고 힘도 든다. 그래서 꾀도 나고 대충하고 싶은 마음도 있다. 그렇지만 그 옳지 않은 마음이 싫어서 마음을 내서 성실하게 정직하게 점검했던 것이다. 만약에 내가 직접 점검을 실시하지 않고

'덥고 귀찮으니, 그리고 유해업소도 없다고 하는데, 나가지 말고 서류만으로 했다고 하자' 그랬다면 어땠을까? 유해업소가 있는 줄도 몰랐을 것이다. 그리고 누가 내게 "정말로 우리 학교에 유해업소가 없지요?" 라고 묻는다면 당당하게 대답할 수 있었을까? "없다고 하던데요"라고 확신 없이 대답할 수밖에 없었을 것이다. 내가 직접 눈으로 확인한 것이 아니기 때문에…

그러나 정직하게 일을 하면 그 일에 대해서 내가 확실히 알게 되니 일에 있어 자동 유능해지고 또한 알면 알수록 내 안에서는 당당함과 자신감이 생기게 된다. 이번 일을 통해 유능해지고 당당해지는 비결을 알게 되었다.

맺음말

인성교육 잘하는 교사는 어떻게 이루어지는가

"유리야(5학년), 친구들이 오늘 선생님이 했던 말들 이해했을까?"
"이해했을 거예요. 친구들이 '선생님 말씀을 들으면 속상하지만 틀린 말은 없으니까… 뭐…' 이랬거든요."

고학년 여학생들끼리 서로 이해를 못해서 편이 나눠지고 붙기를 반복하면서 여학생들만 데리고 한번 야단을 친 적이 있었다. 아이들이 내 말을 이해했는지 잘 모르겠어서 방과 후에 교실에 남아있던 유리에게 물어봤던 것이었는데 유리의 대답을 듣고 마음이 편치 않았다.

'아이들이 내 말을 듣고 많이 속상했구나… 맞아~ 오늘 도대체 언제까지 편을 나누어서 서로 미워하고 불편하게 지낼 것이냐며 야단치듯이 말했지.

아이들 입장에서도 기쁘게 들리고, 스스로 행복을 위해 바르게 인식시킬 수 있는 방법은 없었던 것일까?'라는 아쉬움이 짙게 남았다. 또한 나를 좋아하고 따라주는 고마운 유리가 '다른 아이들은 선생님 말씀에 속상해하지만, 전 안 그래요.'라는 듯이 미묘한 부정으로 고자질하듯이 말하는 것 같다는 느낌을 받아서 만약 그런 점이 또 발견되면 긍정적으로 볼 수 있도록 도와줘야지 하는 생각이 들었다.

몇 달이 지나서 어떤 사건인지는 분명히 기억나지 않는데, 그 문제를 해결하고 유리와 단둘이 늦게 내려가서 급식을 먹게 된 날이 있었다. 점심을 먹으면서 유리가 친한 친구와 있었던 일을 말하는 듯하지만, 친구의 말과 행동에 대해 은근히 부정적인 평가를 계속하고 있었다. 예전에 나라면 단도직입적으로 "친구에 대해 부정적으로 평가하고 있구나!"라고 말했을 테지만, '유리가 속상해하지 않으면서도 자신에 대해 돌아볼 수 있는 방법은 무엇일까?' 고민하게 되었다.

"유리야~~ 지금 유리가 친구에 대해 좋지 않은 점만 이야기하고 있는데 그것이 보이니?"라고 물어봤다. 유리는 깜짝 놀란 듯했고 딱히 대답하지 않았다.

"유리야~~ 사실을 말하고 있다고 생각할 수도 있지. 그런데 그 사실을 보는 네 마음이 그 친구를 어떻게 도와줄까? 하는 마음인지, 아니면 그 친구는 도대체 왜 그렇게 행동하지? 하면서 불편해하고 불평하는 것은 아닌지… 네 마음을 한번 보렴~"

"네에~"

정성을 다해 최대한 편안하게 자신에 대해 돌아보기를 바라는 마음으로 말해주었다.

유리는 중학교, 고등학교에 올라가서도 꾸준히 나에게 연락을 해주었다. 대학교에 올라가서 2023년 5월 15일, 스승의 날에 또 메시지를 보내주었다.

To. 사랑하고 존경하는 혜진 선생님께

선생님 안녕하세요? 잘 지내고 계시나요~? 저는 교육봉사를 꾸준히 나가면서 많은 아이와 만나게 되어 설레고 많이 웃는 하루를 보내고 있어요.

올해는 초등학생 시절 선생님께서 인품에 대해 말씀해 주신 것이 유독 기억이 나네요. 당시 선생님 말씀을 통해 저는 배우고 깨달으면서 훌륭한 인품을 가진 사람이 되고 싶었고 그렇게 되기 위해 노력하는 사람이 되어야겠다는 생각이 들었어요. 특히 제가 선생님과 단둘이 급식을 먹었을 때가 기억이 나는데 그때 저는 친구와 어떤 상황 속에서 나를 돌아보는 것이 아닌 남을 시기하는 마음을 갖고 있었나 봐요. 선생님과의 대화에서 제가 남을 미워하는 말을 여러 번 하니 선생님께서 "유리는 OO이의 좋지 않은 점들만 이야기하네~?"라고 하셨는데 저는 그때 누가 제 머리를 친 것 마냥 정신이 번쩍 들었어요. 당시 저는 제가 남을 시기하는 말을 하고 있다고 스스로 인지하지 못했는데 선생님의 말씀으로 인해 인지하게 되었고, 그 후 저 자신을 되돌아보는 시간을 가지면서 생각의 길이 달라졌어요. 어떠한 상황 속에서 남을 시기하고 미워하는 것만이 아닌 나 자신을 돌아볼 줄도 알아야 한다는 것과 남을 미워하는 순간이 올 수도 있겠지만 그전에 진정으로 남을 사랑할 줄 아는 사람이 되어야 한다는 것을 느꼈어요.

친구와 학창 시절 이야기를 나눌 때면 정말 우리 선생님은 참 선생님이시고, 넓은 마음과 따뜻한 사랑을 가지고 표현해 주시는 진정한 교육자분이라는 생각이 들어요. 그리고 제가 항상 생각하지만 저의 초등학교 시절 2년을 담임선생님으로 만난 건 정말 축복이자 감사한 일이에요. 선생님을 만나지 않았더라면 저의 초등학생 때의 기억은 지나가는 시절 중 하나였을 텐데 그 시절을 뜻깊고 소중한 기억으로 남을 수 있도록 선물해 주셔서 감사합니다. 선생님~ 곧 만날 날을 기약하며 제가 많이 존경하고 사랑합니다♥

이 문자를 받고 당시의 감정을 다 표현할 수 없을 만큼 벅찬 감동을 느꼈다. 내가 하는 크고 작은 교육들에 대한 단비같은 소식이었다. 교사가 마음과 정성을 다해 학생의 부족한 점을 개선하도록 돕는다면 학생도 기쁘게 감사하게 부족을 개선할 수 있다는 실제 사례이며, 학생 입장에서 확인이 된 즐거운 소식이었다.

새로운 시각으로 인성교육을 바라보는 것이 필요하다

이번 방학 중에 용종을 하나 떼었다. 의사 선생님께서 보여주신 용종이 생각보다 커서 놀랐고, 생각보다 컸던 용종이 큰 일을 벌이기 전에 발견하여 안도하였고, 떼어내서 더이상 나를 힘들게 하거나 괴롭힐 일이 없다는 것을 알게 되니 마음이 시원하고 심지어 상쾌하기까지 했다.

인성교육도 마찬가지이다

자신의 언행심사를 인식하게 되면서부터 '내가 이랬구나, 이래서 힘들고 스트레스를 받았구나, 그 사람과 마음이 통하지 않았구나'라고 알게 되면 그로 인해 더이상 쓸데없이 에너지를 낭비하지 않게 된다. 마치 내 몸 속에서 나의 에너지를 소모시켜 가며 자라나고 있던 용종의 정체를 알고 단호히 떼어내는 치료를 한 것처럼 말이다. 나의 부족이나 잘못을 고치기로 마음먹고 노력하여 개선된 나 자신을 보았을 때의 그 시원함이란…

말로 다 표현할 수 없는 시원함과 행복감은 온전히 나의 것이다.

예를 들어보자. 나는 아이들에게 어떤 말을 10번 넘게 충분히 반복했는데도 기억하고 있지 않을 때는 '이 아이가 지금 나를 무시하는구나'라고 생각하곤 했다. 어느 정도 경력이 쌓이는 동안 아이를 돕기 위해 왜 내 말을 기억 못 하는지 확인하고, 기억하게 만들려고 노력해보니 그 이유는 생각보다 엄청 다양했다. ADHD이기 때문에 그런 적도 있었고, 인지력이 일반인보다 낮은 경계성 지적 지능인 경우도 있었고, 고학년에 비해 집중력이 현저히 낮은 저학년의 발달적 특징이기도 했고, 가정에 어려움이 있어서 정서적으로 안정이 안되어 집중을 못하는 경우도 있었다. 어느 순간 자연스럽게 인식되었던 것 같다. '아~ 아이들이 무시한 것이 아니라 나 혼자 무시당한다고 생각했구나!' 무시한 사람은 없는데 무시당한 사람을 존재하게 한 나의 무의식 속 부정의 용종을 발견한 순간이었다.

그 다음부터는 똑같은 상황이 벌어져도 무시당했다는 부정적인 생각을 하지 않으니, 속상할 일도 없었고, 쓸데없이 화를 내거나 분을 삭히며 에너지 소모할 일도 없어졌다. 내 마음이 편하니 아이들에게도 편하게 질문하고 대화하게 되었다. 각자의 어려움이 있어도 결국은 집중은 해야 하니 집중할 수 있는 방법을 주도적으로 찾아서 행동으로 옮기는 노력을 하게 되었다. 나도 아이들을 돕기 위해 판서, 교육자료 제작, 교사의 말을 학생이 따라하게 하기 등 다양한 전략을 찾아보게 되었다.

인성교육은 나부터이다

내 속의 부족과 잘못을 찾는 것이 기쁘고 부족과 잘못을 이겨가는 것이

기뻐지는 것이 먼저이다. 그러면 학생의 부족과 잘못을 발견할 때 '이 아이도 이제 고치면 되겠구나'하는 희망을 느끼게 되고, 잘 도와줘야겠다는 마음을 갖게 되며 인성교육이 쉬워진다. 나부터 진실하고 부지런하고 정직하고 적극적인 사람이 되어갈수록 아이들에게도 어떻게 해야 하는지 구체적으로 징검다리를 놓아줄 수 있다.

흔히 인성교육은 문제학생들이 받아야 하는 것으로 생각한다. 하지만 의식은 무한히 성장할 수 있는 것으로 아이든 어른이든 대상의 제한이란 없다. 아이들을 깨우치고 돕기 위해 노력하면서 나의 무의식 속 부족을 찾아 의식을 성장했던 것처럼 교사가 옳은 방향으로 의식이 성장하면 이제까지 할 수 없었던 많은 것들이 가능하게 되어 학생에 대한 인성교육도 더 잘할 수 있게 된다. 결국, 교사가 나부터 인성교육을 시작하면 남들이 알지 못하는 생각 속 작은 변화가 일어나고, 이것은 학생의 변화를 이끌어내며 이 변화가 모여 큰 차이를 이뤄낸다고 말할 수 있다. 이렇기에 학생은 교사를 존경하고 교사는 스스로 교사임을 자랑스러워하게 된다.

나는 내가 만나는 모든 어린이들, 모든 학생들이 옳은 가치기준으로 선택하고 행동으로 실천하고, 삶으로 이루어 높은 의식을 가지길 바란다. 그리하여 높은 의식을 가진 한국인들이 세계로 나가 세계 곳곳에서 많은 사람들을 돕고 의식을 성장시키는 역할을 담당하길 소망한다.

2023년 8월 어느 날